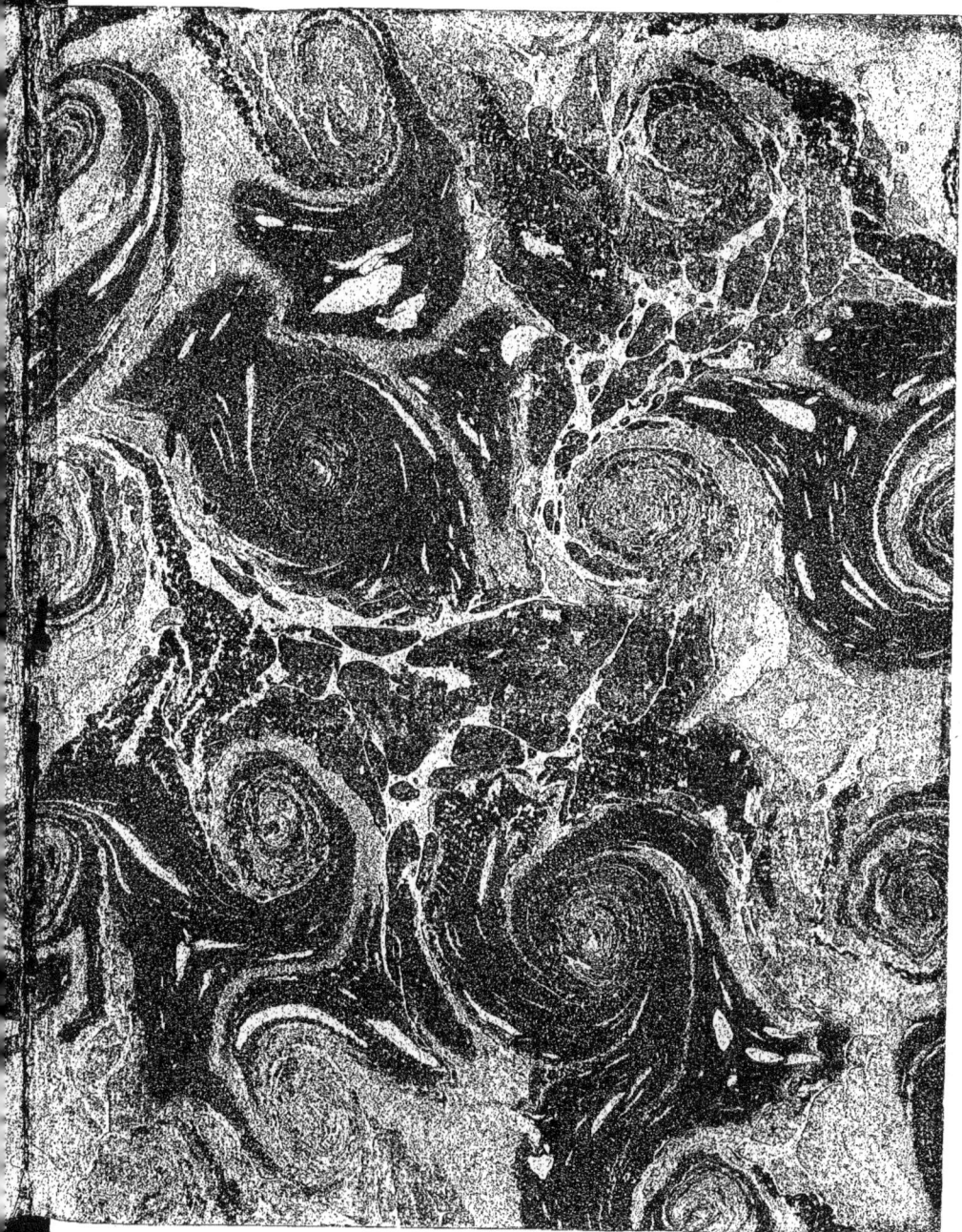

Pa.24

95

ADDITIONS

AUX NEUF VOLUMES

DE

RECUEILS DE MÉDAILLES.

ADDITIONS

AUX NEUF VOLUMES

DE

RECUEILS DE MÉDAILLES

DE ROIS, DE VILLES, &c.

Imprimés en 1762, 1763, 1765, 1767, 1768 & 1770;

AVEC DES REMARQUES SUR QUELQUES MÉDAILLES
DÉJA PUBLIÉES.

A LA HAYE;

Et ſe trouve A PARIS,

Chez la veuve DESAINT, Libraire, rue du Foin,

M. DCC. LXXVIII.

ADDITIONS

AUX DEUX VOLUMES

DE

DE ROIS DE VILLES, &c.

ADDITIONS

AUX NEUF VOLUMES

D E

RECUEILS DE MÉDAILLES

DE ROIS, DE VILLES, &c.

Imprimés en 1762, 1763, 1765, 1767, 1768 & 1770;

AVEC DES REMARQUES SUR QUELQUES MÉDAILLES DÉJA PUBLIÉES.

'A LA HAYE;

Et se trouve A PARIS,

Chez la veuve DESAINT, Libraire, rue du Foin.

M. DCC. LXXVIII.

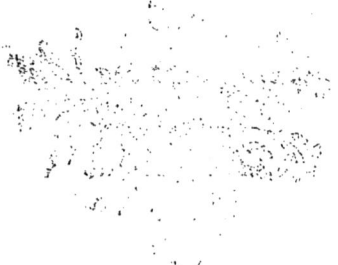

AVANT-PROPOS.

Le Public a été informé par la Gazette du 9 Septembre 1776, que le Roi avoit acquis pour son Cabinet, la Collection de Médailles antiques que j'avois faite, pendant l'espace de cinquante années. Je crois qu'il ne sera pas hors de propos que je dise ici en quoi cette Collection consistoit. Elle étoit divisée en plusieurs suites, comme le font ordinairement les grandes Collections en ce genre : le tout ensemble montoit à trente-deux mille cinq cents Médailles de tous modules & de tous métaux, or, argent & bronze.

Je m'étois proposé de léguer toutes ces Médailles à mon petit-fils Pellerin de Plainville, que j'ai eu le malheur de perdre, lorsqu'il étoit Avocat du Roi au Châtelet. Quand je commençai à lui donner la connoissance de ces Médailles, pour lui en faciliter la lecture, sur-tout de celles en caracteres grecs, & de celles des Colonies en

a

caracteres latins, avec des légendes abrégées, je
pris la peine d'écrire les lettres dont chacune
étoit compofée, fur du papier arrondi, de la
grandeur de chaque Médaille, que je mis les
unes & les autres dans les cafes des cartons où
elles étoient.

C'eft dans cet état qu'elles ont paffé au Cabinet du Roi. Il ne faut pas préfumer qu'elles
foient toutes en général d'une entiere confervation, & il y en auroit peut-être bien plufieurs
centaines à retrancher : telles que font celles
qui ne contiennent que des contre-marques;
des Médailles Arabes; d'autres qui font mal confervées, & quelques-unes qui, peut-être, appar-
tiennent à des Villes différentes de celles auxquelles elles font attribuées. Il y en a auffi qui
font douteufes par rapport à leur antiquité, &
fous lefquelles j'ai mis une marque de mes
doutes. J'y en ai laiffé également une ou deux
fauffes modelées d'après des antiques, & que
j'ai mifes à côté d'autres Médailles vraiment

antiques qui n'étoient pas bien confervées, afin de reconnoître par les unes la partie des légendes qui manquoit aux autres.

Après avoir parlé, comme je viens de faire, de cette Collection de Médailles, je dois faire mention de celles que je rapporte dans le préfent Ouvrage, que je diviferai en trois parties : la premiere fous le titre d'*Additions* : la feconde fous celui de *Remarques fur quelques Médailles déjà publiées* ; & la troifieme contiendra des *Réponfes aux Obfervations critiques* que M. Eckell dans fon Ouvrage intitulé , *Nummi veteres Anecdoti*, imprimé à Vienne en Autriche en 1775 , a faites fur un affez grand nombre de celles que j'ai publiées dans mes différents Recueils imprimés.

Le dernier Ouvrage que j'ai donné fur les Médailles eft de l'année 1770. Depuis ce temps, parmi toutes celles que j'ai acquifes en affez grand nombre , il ne s'en eft trouvé qu'une vingtaine qui n'avoient pas été connues , ou du moins publiées jufqu'à préfent. Ce font célles que j'ai rapportées fous le premier titre d'*Additions*, avec les explications & obfervations que j'y ai jointes. Ces diverfes Médailles ajoutées à celles qui fe trouvent déjà gravées dans mes Recueils ci-devant imprimés, en font monter le nombre à environ deux mille.

En rapportant ces Médailles, j'ai fuivi l'exemple des Auteurs célebres qui, comme le Cardinal Noris, le Marquis Maffeï, le Baron de Spanheim, Vaillant, le P. Hardouin & autres fçavants Antiquaires, ont penfé & fait voir combien la connoiffance des Médailles pourroit fervir à affermir & même à accroître les autres connoiffances déjà acquifes dans l'hiftoire des anciens temps, dans la Chronologie, la Mythologie & la Géographie.

Je dois avertir ici le Lecteur que quand je dis que je me fuis propofé de fuivre l'exemple des fçavants Antiquaires que j'ai cités, je n'ai fûrement point prétendu me comparer à eux ; & je reconnois trop bien la difparité qui eft entre la grande étendue de leurs connoiffances & les bornes étroites des miennes, pour avoir pu former une pareille prétention.

Je conviens que j'ai fait beaucoup de fautes dans les interprétations de plufieurs Médailles. Je voudrois ne les avoir pas commifes, mais je n'en rougis point en les avouant, parce que les plus célébres Antiquaires font tombés dans des fautes à-peu-près pareilles, fans que leur réputation & leur renom en ayent rien fouffert. Il fuffit à ceux qui les reconnoiffent de leur vivant, de les corriger, autant qu'il leur eft poffible. C'eft ce que j'ai tâché de faire, en ce qui me regarde, dans la feconde partie, fous le titre de *Remarques*, &c.

Depuis l'année 1770 que j'avois ceffé de rien publier fur les Médailles, & pendant tout le temps que mon petit-fils de Plainville a eu mon Médailler en fa difpofition, je me fuis donné à mes heures de loifir, une efpece

d'amufement à parcourir mes Recueils de Médailles, fur un exemplaire imprimé que j'en ai gardé, en faifant des notes de ma main à la marge de tous les articles que je trouvois défectueux & qui exigeoient par conféquent des corrections. A ces notes j'avois fouvent ajouté un précis de ce qui devoit être corrigé en différents points. J'ai remis avec mes Médailles au Cabinet du Roi, un pareil exemplaire imprimé de tous mes Ouvrages, avec les mêmes notes à la main, qui font fur celui qui me refte. Ce ne font, à proprement parler, que ces notes que j'ai mifes fous le titre de *Remarques*, après y avoir fait des additions, lefquelles font quelquefois les paffages des Auteurs mêmes que j'ai employés à autorifer mes nouvelles explications. Au furplus, je me fuis difpenfé de rapporter un grand nombre d'autres notes dont font chargées les marges de mon exemplaire imprimé, les unes n'étant pas importantes & les autres ne regardant

dant point proprement les matieres dont il eſt queſtion dans celui-ci.

Un ami à qui j'ai communiqué ce petit Ou‑ vrage, m'a fait remarquer que le ſtyle y eſt varié de maniere qu'on pourroit penſer qu'il ne feroit pas de la même main. Je lui ai répondu qu'il n'y avoit en cela rien d'étonnant, & que cette variété dans le ſtyle devoit être conforme à la marche d'un aveugle, dans laquelle on ne doit pas exiger de la régularité. D'ailleurs je ne me ſuis énoncé que relativement à la matiere dont il s'agiſſoit, & ſuivant la diſpoſition d'eſprit où j'étois alors, ſans voir ce que j'avois dicté au‑ paravant. Je ne dis point ceci pour m'excuſer, quoique la privation de ma vue & mon âge de quatre‑vingt‑quinze ans, puiſſent mé‑ riter quelqu'indulgence. Les Critiques pour‑ ront s'exercer ſur ce petit Ouvrage comme M. Eckell l'a fait ſur les précédents. Je me ſuis con‑ tenté de répondre à la fin de celui-ci ſur les articles qui me regardent, ſans l'attaquer ſur

b

voyez dans l'ouvrage intitulé: Catalogus muſei caeſa: vei vindobo‑ nſis ... a Jos. Eckhel vindobonæ 1779 2 vol. in fol dans l'avertiſſement du 1er vol. la réponſe de Eckhel à ces reproches.

les autres parties qui peuvent mériter des animadverſions. Il eſt permis de ſe défendre, quand on eſt attaqué ; & lorſqu'on donne de nouvelles interprétations à des médailles déjà publiées & mal expliquées, il eſt indiſpenſable d'entrer dans des diſcuſſions que la matiere exige. Mais je ne conçois pas quelle ſatisfaction l'on peut avoir à rechercher les fautes que les autres ont faites, & de leur en imputer ſouvent d'autres qu'ils n'ont pas commiſes. Ce qui porte les Critiques à exercer ce métier, n'eſt le plus ſouvent qu'une baſſe jalouſie qui fait diſtiller de leurs plumes, le venin dont leur amour-propre eſt infecté.

Je penſe qu'il y aura des Lecteurs qui ne comprendront point comment un homme privé entiérement de la vue, peut avoir entrepris & rédigé un pareil Ouvrage rempli de mots de différentes langues & de paſſages aſſez longs, tirés d'Auteurs anciens. Je vais ſatisfaire ceux qui pourront former des doutes ſur ce ſujet, en leur expliquant quels ont été mes moyens. Je dirai d'abord que la néceſſité eſt induſtrieuſe, & que les beſoins excitent le génie à faire artifi-ciellement ce que l'on ne peut opérer par les voies naturelles & ordinaires. Peu accoutumé à dicter, & laſſé d'employer cette pratique, n'ayant pas d'ailleurs toujours auprès de moi quelqu'un propre à écrire ſous ma dictée, j'ai cherché de quelle maniere je pourrois écrire moi-même, & je n'en ai point trouvé de meilleure que celle de me ſervir de petites bandes de papier fort étroit, pliées ſéparément, ou les unes ſur les autres. En tenant & conduiſant de la main gau-che par le tact une de ces bandes ſous un crayon que j'avois en la main droite, je la rempliſſois d'une ligne entiere, & je ſuivois le même pro-cédé pour toutes les autres bandes. C'eſt ainſi que je ſuis parvenu à écrire toute la préſente Préface & quelques articles de l'Ouvrage ſui-vant. Ce griffonage au crayon étoit enſuite mis à l'encre par une main étrangere qui, conſé-

quemment joignoit & lioit enfemble tout ce
que contenoient ces diverfes bandes de papier.
Mais la feule écriture de ma main n'a pas fuffi.
J'ai eu befoin des fecours & des yeux de quelqu'un verfé, ou du moins initié dans la connoiffance des Médailles & des Langues anciennes,
qui pût rechercher dans les Auteurs Grecs &
autres, les paffages qui, felon mes notes, devoient fervir à confirmer mes conjectures fur
l'interprétation de quelques-unes de mes Médailles, & qui m'aidât à arranger les diverfes
parties de ce petit Volume, fuivant le plan &
la forme que je m'étois propofé de lui donner.
J'ai trouvé heureufement tous ces fecours dans
M. *le Bordays* qui étoit lié d'amitié avec mon
petit-fils Pellerin de Plainville dès le temps
qu'ils faifoient leurs études au College. Pendant
que j'écris ceci il veut bien apporter fes foins à
l'i. preffion de l'Ouvrage & à la correction des
épreuves. Quoiqu'il ne foit encore âgé que de
26 ans, il n'a point négligé de joindre à l'étude

des Langues anciennes, que l'on appelle fçavantes, celle des Langues modernes. Il fçait déjà très-bien l'Anglois, & ne tardera pas à fçavoir de même l'Italien & l'Efpagnol. Dans ma Bibliotheque, où il fait fa réfidence journaliere, il a appris à connoître un affez grand nombre de livres dont elle eft compofée, & il s'eft donné le foin d'arranger dans le Cabinet d'Antiques & de Médailles, qui y eft joint, la petite fuite de Médailles doubles qui me font reftées. Avec ces diverfes connoiffances acquifes, il a toutes les difpofitions propres à faire de grands progrès dans les fciences auxquelles il voudra particuliérement s'appliquer.

Nota. Le manufcrit de ce Volume étoit déjà achevé depuis quelque temps, lorfque j'ai acquis le Médaillon d'argent de Ptolémée Philadelphe, Roi d'Egypte, rapporté dans le fleuron précédent, & plufieurs autres du même Prince, qui contiennent des dates différentes de l'année N ϛ, 56 qui fe voit fur celui-ci. J'en ai un autre prefque tout femblable avec l'année N B, 52. C'eſt particuliérement à caufe de ces dates qui fouffrent des difficultés, que j'ai cru devoir publier ce Médaillon avec les Obfervations que le Lecteur trouvera à la fin de ce Volume, ainfi que d'autres que j'ai pareillement faites fur des petites Médailles de bronze de l'Empereur Hadrien, frappées en Egypte & portant la date de l'année IA, onzieme de fon regne, & le nom d'un grand nombre de Nomes ou Villes qui font cenfés les avoir fait fabriquer.

TABLE DES TITRES.

SUPPLÉMENT.

ADDITIONS

ADDITIONS

AUX NEUF VOLUMES

DE RECUEILS DE MÉDAILLES

DE ROIS, DE VILLES, &c.

Imprimés en 1762, 1763, 1765, 1767, 1768 & 1770.

ADDITIONS.

COMMODE.

LES MÉDAILLES Latines en or, de Commode, font toutes rares. Celles en caractères Grecs de ce métal, fur lefquelles il eft repréfenté, ne fe trouvent qu'au revers de Sauromate III, Roi

du Bosphore Cimmérien. Cary , dans son Histoire des Rois de ce pays , en a cité trois à
peu-près pareilles , avec des dates différentes de
celle que contient la médaille suivante ; laquelle
est de l'année 𐅵 Π Υ , 486 de l'ere du Bosphore ,
commencée l'an de Rome 457 , & 296 avant
J. C.

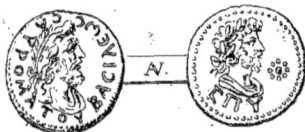

Ce n'est que par rapport à l'extrême rareté
des médailles Grecques en or, de Commode ,
que l'on a publié celle ci-dessus.

JULIA DOMNA.

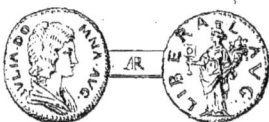

CETTE médaille d'argent de *Julia Domna*, qui est très-bien confervée, m'eft venue d'Alep, avec beaucoup d'autres médailles Grecques. J'ai d'abord été furpris de voir au revers la légende LIBERAL. AUG. avec le type ordinaire de la Libéralité, tenant de fa main droite une teffere, & de la gauche une corne d'abondance, n'ayant connu jufqu'à préfent aucune médaille d'autres Impératrices, qui marque qu'elles ayent fait des libéralités publiques. J'avois d'abord foupçonné que ce revers pourroit être celui d'une médaille de Septime Sévere, que l'Artifte monétaire auroit employé par méprife fur une de *Julia Domna*. Mais parmi toutes celles de cet Empereur, qui ont été publiées avec des types différents de Libéralités, je n'en ai vu aucune dont le revers & la légende foient précifément

les mêmes que fur celle-ci. Il reste à examiner
comment & pourquoi *Julia Domna* auroit fait
frapper une pareille médaille.

Les Historiens nous apprennent que cette
Princesse avoit, par ses bons conseils, procuré,
pour ainsi dire, l'Empire à son mari; qu'elle devint
ensuite superbe, vaine & impérieuse, & qu'elle
s'empara en partie du Gouvernement : de sorte
qu'il n'est pas surprenant que dans des circonst-
ances particulieres, elle eût fait des libéralités
soit aux Troupes, soit aux Peuples du pays où
elle se trouvoit, & qu'en conséquence elle ait
fait frapper la médaille en question. On ne
trouve point dans l'Histoire que d'autres Impératrices ayent fait, en leur nom, de pareilles libéralités ; mais on doit cependant le sup-
poser par le titre de MATER CASTRORVM,
qui a été donné à quelques-unes ; sçavoir à
Faustine la jeune, & à Mammée. La premiere
prit ce titre fastueux, sans aucune opposition
de la part de Marc-Aurele qui lui devoit le
Trône, par son mariage avec elle. La seconde,
qui étoit Mere de Sévere Alexandre, parvenu
fort jeune à l'Empire, s'empara du Gouvernement & regnoit sous le nom de son petit-fils.

Quant au titre de DOMNA qui se trouve sur

le plus grand nombre de ſes médailles , & qui
ne ſe voit ſur aucune des autres Impératrices ,
les Antiquaires ont été partagés ſur la ſignification de ce terme. Les uns ont prétendu que
c'étoit un nom Syrien, & les autres que c'étoit
l'abrégé de *Domina.* Le caractere & la vanité de
cette Princeſſe ſervent à juſtifier cette derniere
interprétation , qui eſt encore prouvée par la
médaille ſuivante de Trajan, frappée à Cy-
zique , avec la légende au revers ΔΟΜΝΑ
ΣΩΤΙΡΑ ΚΥΖΙΚΗΝΩΝ autour de la figure de
Proſerpine, qui étoit la divinité principale &
tutélaire de cette ville.

On ne peut ſuppoſer que le mot de ΔΟΜΝΑ
ſur cette médaille , ſoit un nom Syrien, & s'il
a été mis par abbréviation ſur celles de l'Impé-
ratrice *Domna,* c'étoit, ſans doute, pour ne pas
offenſer le Peuple Romain , qui ne pouvoit
ſouffrir le nom de *Dominus,* titre qui n'a été

donné communément en Latin aux Empereurs, que dans le Bas-Empire. Jusqu'à préfent je n'ai trouvé aucun exemple du contraire que fur quelques médailles Grecques, & particulierement fur celle qui fuit, d'Antonin, frappée à Antioche fur l'Hippus en Cœlefyrie.

J'ai déjà rapporté cette médaille dans le fecond volume des Mélanges, *page* 75, où l'on peut voir ce que j'en dis. Il pourra paroître extraordinaire que je donne ici une feconde fois cette médaille, ainfi que plufieurs autres que l'on trouvera encore dans la fuite : mais ces répétitions ne feront pas inutiles à ceux qui n'auront point connoiffance des endroits où elles ont d'abord été rapportées.

ALEXANDRE EMILIEN.

LA fuivante eft d'Alexandre Émilien, Tyran dans l'Egypte.

Mezzabarbe & Banduri en ont rapporté quelques autres médailles, lefquelles ont été toutes déclarées fauffes. Celle-ci par fon type & par fa fabrique, eft reconnue pour vraiment antique, & jufqu'à préfent comme unique. On ne connoît que Pollion & Eufebe qui ayent fait mention de ce Tyran. Il feroit trop long de rapporter ici tout ce qu'ils en difent, & je crois qu'il fuffit de remarquer qu'il étoit Gouverneur de l'Egypte fous le regne de Gallien, lorfque, pour fe mettre en fûreté contre les infultes & les violences des habitants d'Alexandrie révoltés, il fe vit forcé de prendre le titre d'Empereur. Son regne ne fut que d'environ deux ans, pendant lefquels il affermit fa puiffance dans la haute Egypte, & en chaffa les Barbares dont elle étoit inondée. Mais Gallien ayant envoyé contre lui une puiffante armée, il fut pris & mis à mort.

VOLKANUS

VOLKANVS VLTOR.

ON a plufieurs médailles en or & en argent, qui repréfentent d'un côté la tête du Dieu Mars, avec la légende MARS VLTOR : de l'autre côté on voit un Aigle légionnaire & un Autel entre deux Enfeignes militaires , & l'infcription SIGNA. P. R. C'eft précifément de cette maniere que les Troupes Romaines dreffoient au milieu de leurs Camps, les objets auxquels ils rendoient un culte particulier, offroient des facrifices & rempliffoient, comme dans un lieu facré, les devoirs de leur religion.

Il paroît par là que c'eft l'intérieur du camp Prétorien qui eft repréfenté, & qui vraifemblablement a fait frapper ces fortes de médailles dans le même-temps où toute la Ville de Rome témoignoit, par des cérémonies & des fêtes folemnelles , la joie que lui infpiroient les victoires remportées de toutes parts.

Havercamp a prétendu que ces médailles ont été frappées à l'occafion de ce que Phraates , Roi des Parthes, renvoya à Augufte les Soldats Romains & les Enfeignes militaires qu'il avoit pris à la défaite de Craffus. Mais fi elles avoient

B

été frappées fous le regne d'Augufte, on y verroit la tête ou le nom de cet Empereur. Il y a plutôt lieu de juger que c'eft du temps de la République Romaine que ces fortes de médailles ont été fabriquées, & je ferois affez porté à croire que ce feroit après la prife & la deftruction entiere des villes de Carthage & de Corinthe, qui arriverent dans la même année. L'épithete d'VLTOR ne peut défigner qu'une victoire remportée fur les ennemis de l'Etat ; & ces médailles, qui font placées ordinairement à la fuite des Confulaires, femblent donner à entendre que les Romains ne faifoient la guerre que pour venger les injures qu'ils avoient reçues, & que par-là ils légitimoient, pour ainfi dire, les invafions qu'ils faifoient dans tous les pays où ils portoient leurs armes.

Cette explication eft pleinement confirmée par la médaille fuivante qui m'eft tombée par hazard entre les mains.

Cette médaille d'argent, unique jufqu'à préfent, eft toute femblable par le type & la
légende du revers, à celles qui repréfentent le
Dieu Mars, à la place duquel eft fur celle-ci
la tête de Vulcain, avec ces mots : VOLKANVS
VLTOR. Il femble que l'on ait auffi prétendu
par là difculper ce Dieu d'avoir forgé des
armes offenfives, n'étant pas de fa dignité d'en
fabriquer pour mettre les hommes en état de fe
faire la guerre les uns aux autres fans caufe légitime.

ALEXANDRE, *Roi d'Epire.*

ON connoît des médailles d'Alexandre, Roi d'Epire, en or, en argent & en bronze, lefquelles font toutes rares, & ont pour type au revers un foudre. Elles ne different les unes des autres que par le métal, le module & les têtes qui y font repréfentées. On n'en avoit point encore vu d'une forme auffi petite & d'une fabrique auffi élégante que l'eft celle qui fuit.

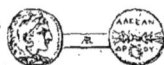

On croit qu'il ne fera pas hors de propos de rapporter ici en peu de mots ce que les Hiftoriens ont dit de ce Prince. Il étoit fils aîné de Néoptolème & frere d'Olympias, mere d'Alexandre le Grand. Il monta jeune fur le trône, & dut, en quelque forte, la couronne au crédit & à la protection de Philippe de Macédoine fon beau-frere, à la Cour duquel il avoit été élevé,

& qui lui fit don en outre de quatre villes de fes propres Etats. Le commencement de fon regne, fut fignalé par une victoire confidérable qu'il remporta fur les Illyriens, nation guerriere & puiffante qui dévaftoit les provinces frontieres de fon Royaume. Fier de ce fuccès & animé de l'efprit de conquêtes, il forma le projet ambitieux de foumettre l'Occident, en même-temps qu'Alexandre le Grand, fon neveu, répandoit la terreur dans l'Orient, & foumettoit cette autre partie du monde. Mais fa fortune fut bien différente. Dans la premiere defcente qu'il fit en Italie, fes armes furent par-tout accompagnées de la victoire : il vint même à bout de vaincre les Samnites, cet ennemi redoutable contre qui les Romains avoient vu fi fouvent échouer leur puiffance. Ses vertus guerrieres lui acquirent une fi grande réputation que les Tarentins, à qui les anciens Ecrivains reprochent de s'être mis, par leur luxe, dans la néceffité d'avoir des Généraux étrangers, l'appellerent pour commander leurs armées dans la guerre qu'ils faifoient aux Meffapiens & aux Lucaniens. Mais cette nation plongée dans la moleffe & la débauche, trop fiere pour obéir à des Chefs étrangers, fe faifoit de nouveaux ennemis de ceux même qu'elle avoit appellés à fon fecours. Incapables de porter le joug de la difcipline militaire, ils firent avorter tous les projets d'Alexandre, & rejetterent fur lui feul leurs mauvais fuccès. Ce Prince pour fe venger de leurs injuftes procédés & pour rabattre leur orgueil, fe contenta de tranfporter fur le territoire des Brutiens, les affemblées des Grecs d'Italie, qui fe tenoient auparavant à Héraclée, Colonie des Tarentins. Mais, fuivant Strabon, fa mort qui arriva bientôt après, fut un effet du reffentiment de ces peuples. Un Oracle de Jupiter Dodonéen lui avoit confeillé de fuir le fleuve Achéron, parce qu'il étoit menacé d'y perdre la vie. Mais interprétant mal le fens de cette réponfe & fuyant l'Achéron de fon pays, il trouva la mort auprès d'un autre fleuve du même nom dans le pays des Brutiens. Percé d'un trait au paffage de cette riviere, il finit fes jours à Pandofie de Lucanie, aujourd'hui *Mendecino*.

MÉDAILLE *frappée en Egypte avant le regne des Ptolémées.*

LA Médaille d'argent fuivante, repréfente d'un côté un homme à cheval, ayant fur la tête un bonnet fait à peu-près comme font aujour-d'hui les turbans. De l'autre côté eft un bœuf à demi-couché, couvert d'une efpece de houffe, & portant entre les cornes le difque de la Lune. Je ne m'arrêterai point à obferver fi c'eft ici le bœuf Apis, ou le bœuf Mnévis. Le dieu Apis eft ordinairement figuré avec un croiffant fur le dos, au lieu que le bœuf de notre médaille a le globe entier de la Lune fur la tête, de même qu'il fe trouve fur la plûpart des figures d'Ifis. L'objet principal que nous avons à examiner, eft le Cavalier que préfente le revers. On voit au-tour des caractéres inconnus & qui ne peuvent pas être bien diftingués, parce que cette mé-daille n'eft pas d'une entiere confervation, étant un peu ufée par les bords.

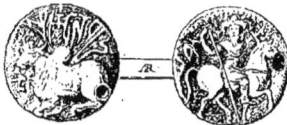

Elle m'eſt venue d'Egypte, où l'on ne trouve point qu'il en ait été frappé aucune autre avant le regne des Ptolémées. On n'en avoit non plus encore vu aucune de ce pays-là où fût figuré un homme à cheval, ſi ce n'eſt celles d'Antinoüs, & celles où ſont les Dioſcures.

Il y a tout lieu de croire qu'elle repréſente Aryandès, Gouverneur d'Egypte ſous Darius dernier Roi de Perſe, qui la poſſédoit alors, & qui le fit périr pour avoir fait battre des monnoies en ſon nom; événement rapporté au long par Hérodote. On pourroit auſſi obſerver qu'une des raiſons qui porterent Darius à le punir, c'eſt qu'il paroît par cette médaille qu'il avoit embraſſé la Religion des Egyptiens, que les Perſes avoient en horreur.

On a eu ſoin de faire deſſiner & graver cette médaille avec la plus grande préciſion, & d'y figurer les caracteres tels qu'on les y voit. Ils ne ſont ni Grecs, ni Cophtes, ni Phéniciens, & j'en renvoye l'examen à ceux qui ſont plus verſés que je ne le ſuis dans l'étude des langues anciennes, & qui par conſéquent connoiſſent mieux la forme & la valeur des diverſes lettres élémentaires qui appartenoient à chacune de ces langues différentes.

Je

Je penfe qu'il ne déplaira pas à M. de Guignes que je l'invite à découvrir, s'il eft poffible, quels font les caracteres qui font fur la médaille en queftion & ce que fignifie la légende compofée de ces caracteres. Je l'y exhorte comme Auteur célèbre qui, en ce genre d'études, a fait plufieurs découvertes, non moins heureufes que curieufes & fçavantes.

C

C A P O U E.

Le Pere Maignan a publié une médaille
semblable à celle-ci , à l'exception du mot
ΚΑΠΠΑΝΟΝ qui eſt écrit ΚΑΠΠΑΝΩΝ ſur la
ſienne. Le Pere Panel en a auſſi cité une ſemblable , du Cabinet de M. le Bret , & la référée aux
Peuples de la Campanie. Mais elle ne peut avoir
été frappée que dans la ville même de Capoue ,
capitale de cette province , dont les habitants
appellés par les Latins *Campani* , & par les Grecs
ΚΑΠΥΑΝΟΙ , pouvoient bien auſſi être appellés
ΚΑΠΠΑΝΟΙ.

La même tête & le même revers ſe remar-
quent ſur une médaille gravée dans l'ouvrage
de M. Ignarra DE PALÆSTRA NEAPOLITANA. Il a lu
ΑΡΠΑΝΟΜ ; mais il y a tout lieu de croire que
ſa médaille n'étoit pas aſſez bien conſervée pour

qu'on pût y appercevoir le к qui devoit être
au commencement du mot. Au reſte il l'attribue
à Arpi, ville de la Pouille, au-delà de l'Apen-
nin ; ce qui eſt fort douteux, le type du bœuf
à tête humaine, ne ſe trouvant particuliérement ſur des médailles frappées en Italie, que
ſur celles des villes de la Campanie & du Sam-
nium.

TARENTE.

ON a plufieurs médailles en or & en argent
de la ville de Tarente, qui repréfentent d'un
côté la tête de Pallas, & de l'autre une Chouette
avec les feules lettres ΣΩ, auxquelles on donne
la fignification de ΣΩΤΕΙΡΑ. Sur la médaille
fuivante toute femblable, on voit au lieu de
ΣΩ les lettres ΣΩΣ.

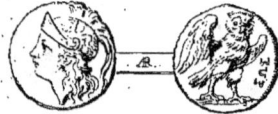

On eftime que ces trois lettres font les premieres du mot ΣΩΣΙΠΟΛΙΣ, qui fignifie *Confer-
vatrice des Villes*. Cette fignification s'étend gé-
néralement à toutes celles où la Déeffe étoit
invoquée ; au lieu que fur les médailles où il
n'y a que les lettres ΣΩ, avec le nom de la
ville, le titre de ΣΩΤΕΙΡΑ, n'a rapport qu'à cette
ville. C'eft la feule médaille connue jufqu'à
préfent où ce titre fe trouve.

Paufanias nous apprend que les peuples de l'Elide rendoient un culte particulier à une Divinité nommée *Sofipolis*, qui avoit un Temple & une Statue qui lui étoient confacrés. Il entre dans un affez long détail fur l'origine de fon culte & les cérémonies obfervées dans les facrifices qu'on lui offroit.

SYBRITUS.

On n'avoit connu jusqu'à préfent que de très-petites médailles en bronze de *Sybritus*, ville de Crete, fur lefquelles eft repréfenté d'un côté la tête de Mercure, & de l'autre un Dauphin. J'ai acquis depuis quelque-temps le médaillon d'argent fuivant, qui eft d'une fabrique admirable, & fur lequel on voit d'un côté Mercure debout & au revers Bacchus affis, tenant de la droite un vafe à deux anfes, & de l'autre un thyrfe.

Il eft très-peu parlé de cette ville dans les anciens Auteurs. Polibe & Ptolémée la nomment fans en rien dire de particulier : il falloit pourtant qu'elle fût très-opulente pour avoir fait frapper des monnoies auffi confidérables que

l'eft le médaillon en queftion ; & l'on voit par le
type du revers que fon territoire devoit produire
du vin , & par le type du dauphin qui eft fur
les petites médailles de bronze , qu'elle étoit
fituée fur le bord ou à peu de diftance de la
mer, ce qui eft confirmé par Scilax.

CHERSONESE.

J'AI rapporté dans mon IIIᵉ Volume des Médailles de Villes, un médaillon d'argent de la ville de Cherfonnefus en Crete, lequel a pour légende ΧΕΡΟΝΑΣΙΩΝ. Il m'en eſt venu un autre depuis, preſque entiérement ſemblable par les types, & qui n'en differe que par la maniere dont le nom y eſt écrit, ſçavoir : ΧΕΡΣΟΝΗΣΙΟΝ, comme on le voit par la gravure ſuivante de ce médaillon.

Il y avoît en Crete deux villes qui portoîent le même nom de *Cherfonnefus*, l'une à l'Orient & l'autre à l'Occident. Les médailles en queſtion ne peuvent appartenir qu'à celle qui étoit ſituée à l'Eſt, dont le nom avoit éprouvé de légeres variations en différents temps. La plûpart des
Auteurs

Auteurs qui en parlent, la placent dans l'ifle même de Crete. Mais elle étoit fituée dans une autre petite ifle qui en étoit très-peu éloignée, où il y avoit un bon port, qui y attira le commerce & un fi grand nombre d'habitants, que dans la fuite elle devint ville Epifcopale, fous le nom de *Spina-longa.*

S Y R A C U S E.

ON ne rapporte la médaille fuivante de
Syracufe que par rapport à fa fingularité.

Cette médaille d'argent, de grand module,
repréfente d'un côté, entre quatre dauphins,
la tête de Proferpine ou d'Aréthufe, les cheveux
artiftement arrangés & tombant en boucles
jufqu'au deffous du cou, qui eft orné d'un col-
lier. La forme des lettres qui compofent la
légende & particuliérement celle du Ϙ employé
pour un K, démontre que cette médaille eft des
plus anciennes. Parmi toutes celles qu'on a
publiées en grand nombre de Syracufe, je n'en
avois encore vu qu'une où cette lettre Ϙ fe
trouvât. Au revers on voit fur un char à deux
chevaux la figure d'un homme, qui d'une main

tient les rênes & de l'autre un fouet. Au-deſſus eſt une victoire tenant une couronne de ſa main droite abaiſſée & ayant l'autre étendue. Il paroît par la poſition de ſes pieds qu'elle court, & par ſes ailes éployées qu'elle vole en même-temps.

Paruta a rapporté une médaille à peu-près ſemblable, mais d'une fabrique tout-à-fait groſ-ſiere. Il y a lieu de juger que celle-ci, qui eſt du travail le plus élégant, a été frappée à l'occaſion d'un prix remporté aux jeux Pythiques par les chevaux du Roi Hiéron.

REMARQUES

SUR QUELQUES MÉDAILLES DÉJA PUBLIÉES.

ELIS.

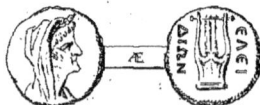

JE ne rapporte de nouveau la préfente médaille que parce que M. Eckell a prétendu que j'ai mal lu la légende ΕΛΕΙΔΙΩΝ. Je ne puis concevoir comment un Sçavant auffi verfé qu'il l'eft dans la lecture des monuments anciens, a pu former l'étrange conjecture qu'il doit y avoir ΜΕΛΙΤΑΙΩΝ au lieu d'ΕΛΕΙΔΙΩΝ. Je me contenterai pour lui répondre, de dire que cette médaille eft très-entiere & parfaitement confervée : & pour ne pas m'appéfantir fur un objet auffi peu important, je m'en remets à ce que j'en ai dit *page 28 du Supplément I aux Recueils de mes Médailles.*

P A R I U M.

M. l'Abbé Belley a rapporté dans une Differtation imprimée, T. XXV des Mémoires de l'A-
cadémie, la préfente médaille de ma Collection,
qui a d'un côté la tête de Commode, & de
l'autre la figure d'Efculape affis, auquel un
bœuf qui eft devant lui préfente fon pied ; avec
la légende au-deffus DEO. AESC. SVB. Il a donné au mot SVB. la fignification de *Subvenienti.*
Je trouve qu'il n'a pas pris garde qu'Efculape,
fur cette médaille, eft repréfenté jeune, fans
couronne & fans barbe. Ce qui donne lieu de
préfumer qu'il eft ainfi figuré dans fa jeuneffe,
lorfqu'il commença à exercer la Médecine, dont
il avoit reçu des leçons, non-feulement d'Apollon fon pere, mais auffi du Centaure Chiron,

& qu'on lui fit faire les premiers effais de fon art fur les animaux.

Il eft toujours repréfenté vieux & avec de la barbe fur les médailles des villes qui lui érigerent des temples dans leurs enceintes, où les habitants alloient lui faire des offrandes pour en obtenir la fanté. Mais en général comme il y en avoit prefque toujours hors des villes, il y a tout lieu de juger que cette fituation feroit marquée par le mot SUB, avec la fignification de SVBVRBANO, ajouté au nom d'Efculape.

Cette interprétation donnée ici au mot SVB, paroît d'autant mieux convenir qu'il pouvoit y avoir à *Parium*, comme dans plufieurs autres villes, un autre Temple d'Efculape dans l'intérieur de la ville, où, pour entretenir la falubrité de l'air, l'on ne conduifoit point les animaux malades. Ce qui femble prouver que le fens que l'on donne ici au mot SUB, eft fa vraie fignification, c'eft un paffage de Strabon, où en parlant de la ville de Cos, il eft dit : Ἐν δὲ τῷ προαςείῳ τὸ Ἀσκληπιεῖον ἐςὶ, σφόδρα ἔνδοξον, καὶ πολλῶν ἀναθημάτων μεςὸν ἱερὸν ; *in Suburbio vero eft ædes Æfculapii, celebris admodum & multis donariis plena.*

On voit par un grand nombre d'autres paffages de différents Auteurs, que prefque toutes les villes avoient des Temples d'Esculape dans leurs fauxbourgs. Pausanias en met un hors de la ville d'Epidaure, un autre hors des murs de Smyrne. Strabon en place un auprès de Tricca en Thessalie, & un autre entre Patras & Dymé, dans le Péloponnèse. Il seroit trop long de rapporter d'autres exemples de Temples d'Esculape, bâtis hors des villes. Mais il y en avoit aussi qui en étoient fort éloignés, & en pleines campagnes, lesquels étoient destinés pour les peuples qui les habitoient, & étoient fort renommés par des guérisons de grand nombre de maladies, leur réputation y ayant attiré des Médecins, soit Experts, soit Charlatans & Empyriques qui étoient les Ministres de ces Temples. Leur célébrité portoit souvent des malades à y venir de loin; & entre autres, Aristides parle dans son Ἱερῶν λόγος τέταρτος, du Temple bâti par les Pœmaméniens en Mœsie, où il fut lui-même pour le recouvrement de sa santé.

DIOCÉSARÉE.

M. l'Abbé le Blond a rapporté la médaille fuivante de la ville de Diocéfarée , dans fes *Obfervations fur quelques Médailles de ma Collection*, publiées en 1771.

Dans l'explication qu'il a donnée de cette médaille , la feconde partie de l'infcription qu'elle contient lui a paru très-difficile à interpréter, & ce qu'il en a dit ne lui a pas femblé à lui-même fuffifant pour la bien faire entendre. J'ai réfléchi fur cette infcription, & je trouve qu'elle n'a eu pour objet que de faire connoître la haute antiquité de Diocéfarée & les différents noms qu'elle avoit portés. Nous avons des exemples que d'autres villes en ont ufé de même, en marquant fur leurs monnoies tous les
différents

différents titres honorifiques dont elles s'étoient décorées, & les autres noms qu'elles avoient portés auparavant. Telles font entr'autres la ville de Scytopolis en Syrie, qui étoit appellée précédemment Nyfa, dont on a des médailles avec la légende ΝΥΣΑ. ΣΚΥΤΟΠΟΛΙΣ : & la ville de Stratonicée en Carie, qui avoit auparavant le nom d'*Indicea*.

Sur la médaille en queſtion, après les quatre premiers mots qui contiennent le nom de la ville & fes titres de Sacrée, d'Afyle & d'Autonome, ceux qui fuivent, doivent être, à mon avis, interprétés ainſi : favoir,

La lettre Π, eſt pour Πρῶτον, *primo.*

ΦΕ, font les premieres lettres d'un ancien nom de cette ville, qui eſt ignoré.

ΙΕΡ pour ΙΕΡΑ, *facra*, titre dont elle jouiſſoit.

B, lettre numérique pour Δευτέρως, *fecundo.*

C, initiale du nom de *Sepphoris.*

ΚΑ, pour ΚΑλουμένη, *vocata, nominata.*

Ainſi cette feconde partie de l'infcription marque qu'anciennement la ville de Diocéfarée avoit porté un autre nom commençant par les deux lettres φε, lequel fut dans la fuite remplacé par celui de *Sepphoris.*

C'eſt de cette maniere que les Auteurs Grecs

E

s'exprimoient en parlant de villes qui avoient
porté des noms différents. Je me fouviens que
dans un de ces Auteurs, en faifant mention de
la ville d'Acre , il eft dit , ΑΚΗ. Η. ΝΥΝ.
ΠΤΟΛΕΜΑΙΣ. ΚΑΛΟΥΜΕΝΗ.

Il eft bon de remarquer que quand cette
médaille a été frappée, il n'y avoit pas long-
temps que la ville de Sepphoris avoit changé
fon nom en celui de Diocéfarée ; & que c'eft
pour mieux faire connoître cette ville qu'on a
rappellé fes anciens noms fur la préfente médaille, dont l'Artifte monétaire a partagé tous
les mots qu'il avoit à graver, en quatre lignes, &
compofé chaque ligne de cinq ou fix lettres ;
de forte qu'il a été obligé d'abréger chacun de
ces mots, en ne mettant que l'initiale des uns,
& les deux ou trois premieres lettres des autres.

Ceux qui écrivoient fur le marbre ou fur la
pierre en ufoient de même, & cet ufage étoit
pratiqué également par les Phéniciens, comme
on le voit par la médaille des Sidoniens réfugiés
à Arade, que j'ai rapportée dans mon Supplément IV, pag. 106 , & que je donnerai encore
ci-après.

Les Juifs fuivoient auffi à-peu-près le même
ufage, en mettant fur leurs médailles autant

de lettres d'un côté que de l'autre, comme on peut également le voir fur la médaille en caracteres Samaritains du Roi Antigone, rapportée Supplément IV, pag. 119.

Ces exemples fuffifent, je crois, pour autorifer la maniere dont j'ai interprété la feconde partie de l'infcription de la médaille en queftion.

Les deux lettres ΔP placées au-deffous défignent l'année 104, comme M. l'Abbé le Blond l'a obfervé.

MÉDAILLE DE SALONINE
frappée à Ptolémaïs.

LA médaille fuivante de Salonine, frappée
à Ptolémaïs en Syrie, repréfente un pied humain avec une partie de la jambe & un foudre
au-deffus, & dans le champ un caducée.

Ce pied votif avoit été, fans doute, offert
dans un temple par quelqu'un que la foudre
avoit bleffé. Pour que les habitans de Ptolémaïs
l'ayent fait repréfenter fur des médailles, il
falloit que ce fût un ouvrage digne d'être ad-
miré, & qu'ils le regardaffent comme un des
monuments qui illuftroient leur ville.

Vaillant a rapporté une médaille de Sévere-
Alexandre, frappée à *Ægæ* en Cilicie, qui a
auffi pour type un pied humain accompagné
d'un ferpent. Il ne s'eft pas apperçu que c'é-

toit un pied votif à l'occafion d'une bleffure
faite par un ferpent, qui avoit été guérie. Ce
qu'il dit fur ce type, n'y a aucun rapport. Il
eft fait mention dans l'hiftoire des dix mille
Grecs revenus de Perfe, que plufieurs attache-
rent des pieds votifs à un autel du Dieu Mars.

MÉDAILLE D'AUGUSTE
frappée à Soufa.

J'AI déja rapporté dans mon Supplément IV, Pl. III, n°. 16. la médaille fuivante, fans avoir ofé entreprendre de rien dire fur le lieu où elle peut avoir été frappée.

Si je ne puis aujourd'hui expliquer toute la légende qu'elle contient, je hafarderai de donner au moins la fignification des trois premieres lettres qui font deux *Sin* & un *Tfade*, & qui doivent marquer le nom de la ville qui a fait frapper cette médaille. Je penfe que ces trois lettres étoient prononcées *Soufats*, comme les lettres *Tfade* & *Resh*, compofant le nom de la ville de Tyr, étoient prononcées *Tfour*.

Or *Soufats*, ou *Souza*, comme on le prononce aujourd'hui, eft précifément le nom que porte depuis long-temps la Capitale d'une Province du Royaume de Tunis, laquelle eſt ſituée ſur le bord de la mer au-delà du Cap-Bon, vers l'Orient. Les Ecrivains qui en ont parlé, ne s'accordent point ſur le nom qu'elle portoit anciennement. Il paroît ſeulement qu'elle avoit été détruite & rebâtie en différents temps, & appellée de divers noms. Il ſe peut bien que les gens du pays mieux inſtruits que ces Ecrivains de ſon ancien nom *Souſats*, le lui ayent redonné la derniere fois qu'elle a été rebâtie; ce qui n'eſt pas ſans exemple, pluſieurs villes dont le nom avoit été changé, comme Ace ou Aco, appellée enſuite Ptolémaïs, ayant repris ſon premier nom d'Acre qu'elle porte encore aujourd'hui. Au reſte cette ville où il ſe fait un grand commerce, a un port qui eſt très-fréquenté par les navires des Européens qui naviguent dans l'Archipel & ſur les côtes du fond de la Méditerranée.

A l'égard des trois autres lettres Puniques qui ſont ſur la médaille en queſtion, je n'ai rien conjecturé de probable ſur ce qu'elles peuvent ſignifier.

MÉDAILLE DE TIBERE
en caractères Puniques.

JE redonne ici la médaille suivante que j'avois déja rapportée dans le premier Volume des Mélanges, pag. 141, pour ajouter, à ce que j'en ai dit, quelques particularités que j'avois omises.

J'estime que la tête qui est représentée d'un côté, est celle de Tibere plutôt que celle d'Auguste; & ce qui me le fait juger, c'est le type du revers où l'on voit une Aigle & un Paon, qui se trouvent sur les médailles de Tibere & de Julie, rapportées Tom. III. des Médailles de Villes, pag. 150 & 151. Pl. CXXI, n°s. 15 & 16.

Outre cette médaille, parmi d'autres qui me font venues de Tripoli en différents temps, il s'en trouve qui ont des légendes purement Numidiques,

Numidiques, d'autres avec des caractères Phéniciens ou Puniques, & d'autres fur lefquelles des caractères Numidiques font mêlés avec des caractères Phéniciens ou Puniques. On ne peut guere douter que ces diverfes médailles n'ayent été frappées à *Leptis*, n'y ayant eu dans toute la contrée, qui depuis a été appellée Tripolitaine, aucune ville qui ait pu faire fabriquer des monnoies de cette efpèce au temps où l'ont été les médailles en queftion. La Numidie étoit fi éloignée de *Leptis* qu'il ne feroit guere poffible de comprendre d'où a pu procéder ce mélange extraordinaire qu'on y voit de langues différentes, fi Sallufte ne le faifoit pas concevoir par un paffage de fon Hiftoire de Jugurtha. Il y rapporte qu'un grand nombre de Numides que le commerce avoit attirés à *Leptis*, s'y étoient établis, & y avoient introduit leur langue par des mariages ; de maniere que les anciens habitants Sidoniens avoient perdu la leur, qui d'abord avoit été purement Phénicienne, mais qui, par fucceffion de temps, avoit, de même que la langue des Carthaginois, éprouvé des altérations jufque dans l'écriture, dont plufieurs caractères différent plus ou moins par leur forme, des caractères qui fe voyent

F

fur les médailles des villes de Phénicie. On ne
doit point par conféquent être étonné que
dans l'efpace du temps où ces changements fe
font faits , il ait pu être frappé à Leptis des
médailles avec les divers caracteres Phéniciens,
Puniques & Numidiques qu'on voit dans leurs
légendes. Il fe peut bien même que ce foit dans
cette ville qu'ayent été frappées plufieurs médailles d'Augufte, de Tibere & autres que l'on
met communément dans les Cabinets au nombre des médailles Puniques , fans favoir dans
quelles villes elles ont été fabriquées.

MÉDAILLE DES SIDONIENS
réfugiés à Arade.

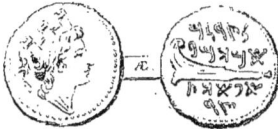

צדנם
קמרם
קפרת
צר

JE ne rapporte ici une feconde fois cette
médaille des Sidoniens réfugiés à Arade, que
pour corriger quelque chofe à l'interprétation
de la légende Phénicienne que j'en ai donnée
dans mon Supplément IV, pag. 106. Les caracteres Phéniciens y ont été rendus en carác-
teres Hébraïques, comme on le voit ci-deffus,
& j'en ai donné la traduction latine : *Sidonio-*
rum olim projectorum per (ou *propter*) *execra-*
bilem (ou *maledictam*) *civitatem Tyrum*. Je
trouve que cette traduction feroit plus exacte
en rendant la prépofition ב par *in*, qui eft la
fignification la plus ordinaire, & en donnant au
mot קם, au lieu d'*execrabilis* celle de *Lupanar*,
qui eft auffi fa fignification propre. Moyennant
quoi la traduction mot à mot fera : *Sidoniorum*

F ij

anteà projectorum in Lupanar urbem Tyrum.

On ne fait pourquoi ni comment ces Sidoniens furent traduits dans la ville de Tyr. Il y
a lieu de penfer qu'étant en guerre avec celle
de Sidon, il s'en éleva une autre intérieure dans
celle-ci entre les habitants, dont le plus grand
nombre voulut faire la paix, & chafferent de
chez eux tous ceux qui s'y oppofoient. Si l'on
ne fait pas non plus comment, dans leur fuite,
ils tomberent entre les mains des Tyriens qui les
conduifirent à Tyr, où ils furent fort mal trai-
tés ; au moins n'eft-il pas douteux qu'ils étoient
les transfuges de Sidon dont parle Strabon, lefquels s'étant fauvés de Tyr fe retirerent dans la
petite ifle d'Arade déja habitée par quelques
autres peuples, & s'affociant avec eux, bâti-
rent une ville où ils firent frapper les médailles
dont il s'agit, avec l'infcription par laquelle,
en faifant mention de leur origine & de leur
exil, ils manifeftoient la haine & la rancune
qu'ils confervoient contre la ville de Tyr, qu'ils
y appellent du nom odieux & infâme de *Lupanar*, pour fe venger en quelque forte des
mauvais traitements qu'on leur y avoit fait
fouffrir.

MÉDAILLE
DE *PLARASA* ET *APHRODISIAS.*

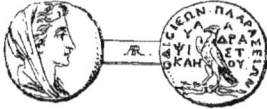

Je ne rapporte ici cette médaille que j'ai donnée dans mon second Volume des Recueils, pag. 130, que pour ajouter, à ce que j'en ai dit, quelques obfervations que m'a fait faire une autre médaille toute pareille pour les types, & qui n'en differe que par les noms de Magiftrats, qui font fur celle-ci Α. ΥΨΙΛΗ, & ΑΔΡΑΣΤΟΥ; & fur l'autre ΑΠΟΛΛΩΝΙΟΣ & ΑΡΤΕΜΙΔΩΡΟΣ. Les deux peuples qui y font nommés, ne formoient enfemble, à proprement parler, qu'une feule ville, & avoient cependant, comme on le voit, différents Magiftrats. Un temple de Vénus étoit fitué entre ces deux peuples, & les médailles d'argent en queftion, qui leur fervoient de monnoïes, étoient communes aux uns & aux autres. Cette union finguliere entre les Plarafiens & les Aphrodifiens ne fubfifta pas long-temps, & l'on ignore pourquoi les Auteurs anciens ne font mention que de la feule ville d'Aphrodifias, & n'ont parlé en aucune façon des premiers. Etienne de Byzance eft le feul qui ait dit qu'il y avoit une ville de Plarafa en Carie. On ne fait point non plus ce que font devenus les habitans de cette prétendue ville. Il faut ou qu'ils aient eu des démêlés avec les Aphrodifiens, qui devenus plus nombreux & plus puiffants qu'eux, les chafferent, ou qu'ils fe foient foumis à ne plus faire qu'un même corps de peuple avec eux, fous le feul nom d'Aphrodifiens. D'où il s'enfuit que la ville d'Aphrodifias s'aggrandit du terrein qu'ils occupoient, & devint dans la fuite illuftre & très-opulente, & même Métropole de la Carie. On a un très-grand nombre de médailles de bronze impériales & autonomes de cette ville, & l'on ne trouve point qu'elle en ait fait frapper en argent d'autres que celles où fon nom eft joint à celui des Plarafiens.

MÉDAILLES DE ROIS ET DE PONTIFES

portant des fanons à leurs coëffures.

PARMI les médailles de ma Collection, j'en ai remarqué plufieurs de Rois, & quelques autres fur lefquelles les têtes y font repréfentées avec des fanons attachés à leurs diverfes coëffures, foit Bonnets Pontificaux, foit Mitres ou Tiares. Je ne trouve point qu'aucun Auteur ait rien dit de cet ajuftement joint à ces fortes de coëffures, fi-non que quelques-uns l'ont regardé comme ayant fait partie d'une piece d'étoffe qui ajoutée aux bonnets couvroit les joues pour les garantir de l'injure de l'air dans les temps froids, & étoit quelquefois liée fous le menton pour les affurer fur la tête, & les empêcher de tomber. Mais ayant obfervé que les fanons ne fe trouvent que fur des médailles de Rois & de Pontifes, il m'a paru qu'ils doivent y avoir eu une autre deftination, & je préfume qu'ils y font des fymboles caractériftiques de Chefs de religion, comme je vais le marquer en rapportant toutes celles de mes médailles où ces fymboles fe trouvent.

La premiere que je donne ci-après, eſt de Tiridate, deuxieme Roi des Parthes, & reſſemble parfaitement pour la forme, le type & la matiere à celle d'Arſace I ſon frere, que j'ai rapportée dans le Recueil des Médailles de Rois, pag. 132, Pl. XV.

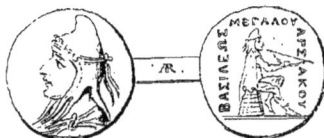

J'AI déja obſervé que la fabrique des médailles de ces deux premiers Rois Parthes, eſt d'une main grecque & d'un Artiſte très-habile qui étoit ſans doute du nombre de ceux qu'Alexandre le Grand employoit à frapper des monnoies en ſon nom dans les villes principales, même les plus éloignées ; & ce qui le prouve encore mieux, c'eſt une figure en marbre de Tiridate qu'on voit dans le parc de Verſailles, copiée d'après une antique qui a été trouvée d'un ſi beau travail qu'on en a fait une toute ſemblable d'après l'original, qui doit être du temps où il s'étoit déja rendu maître
de

de plufieurs Provinces , & après la victoire
fignalée qu'il remporta fur Seleucus II , qu'il
fit prifonnier.

Dans toutes les médailles que j'ai vues des
Rois Parthes, je n'ai trouvé que celles d'Arface I,
& de Tiridate où des fanons foient attachés à leurs
coëffures ; ce qui fait connoître que dans leurs
Satrapies de la Bactriane ils étoient en même
temps chefs de la religion , & qu'ils conferverent les marques de cette dignité après qu'ils
eurent fecoué le joug d'Antiochus II. Nous n'a-
vons point de médailles qui foient reconnues
pour être fûrement d'Artaban , fils & fucceffeur
de Tiridate , & parmi celles des Rois Arfacides
fuivants , que l'on a beaucoup de peine à diftinguer & dont les coëffures font variées & très-
différentes de celles des deux premiers Arfaces ,
je n'en ai poffédé aucune où il y eût des fanons.
On ignore quelle étoit la religion qu'ils pro-
feffoient ; mais , malgré le profond filence
des Hiftoriens à cet égard , il y a tout lieu
de croire qu'Arface & Tiridate fuivoient celle
des Grecs qui étoit devenue la dominante
de leur pays , fur-tout depuis qu'Alexandre le
Grand avoit fait la conquête de l'Inde. Je parlerai
encore dans la fuite de Tiridate en rapportant

G

un médaillon de bronze de la ville d'Amaſtris.

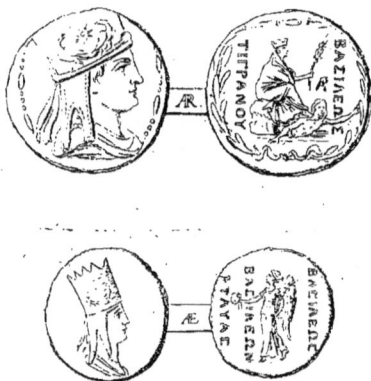

Par ces deux médailles de Tigrane & d'Arta-
vaſde ſon fils, Rois d'Arménie, dont les têtes
ſont couvertes de tiares avec des fanons, on
doit juger que tous les autres Rois d'Arménie,
dont on ne connoît point de médailles, en
avoient pareillement à leurs coëffures, & l'on
trouve même qu'elle eſt repréſentée de cette façon ſur des médailles d'argent derriere la tête
de Marc-Antoine, avec la légende ANTONI
ARMENIA DEVICTA. Il faut que la dignité
de Chef de la religion ait été en grande conſi-
dération dans ce pays, pour que les Rois en ayent

pris fi particulierement les marques diftinctives, cette dignité affurant & augmentant leur puif-fance fur les peuples leurs fujets. Dans des temps poftérieurs & peu éloignés de celui où nous fommes, d'autres Rois fe la font également attribuée. En Angleterre Henri VIII, dans l'an-née 1534, en fe féparant de l'Eglife Romaine, la réunit à l'autorité Royale fous le nom de fuprématie ; terme expreffif dont je me fervirai dans la fuite & qui répond au titre de *Pontifex Maximus* donné aux Empereurs Romains. En Ruffie, au commencement de ce fiécle, on a vu que le Czar Pierre le Grand a dépouillé le Patriarche de l'autorité fuprême dont il jouiffoit depuis long-temps, & s'en eft revêtu lui-même.

La médaille fuivante eft d'Antiochus IV, Roi de Commagene.

On a bien d'autres médailles de ce Prince fur lefquelles il eft repréfenté la tête ornée d'un

G ij

simple diadême ; mais fur celle-ci fa tête eſt couverte d'une tiare Arménienne avec des fanons. Il eſt tout naturel que devenu poſſeſſeur d'une partie de l'Arménie , par le don que lui en avoit fait Néron , il ait fait frapper des monnoies particulieres avec fa tête ornée de la tiare Arménienne , & que conſéquemment il ait gouverné ce pays-là comme Roi & Chef de la Religion.

Les deux médailles qui fuivent, font de Démétrius, Roi de Macédoine, fils d'Antigone Gonate. Sur un des côtés de chacune il y a un bonnet panaché, avec des fanons au bas.

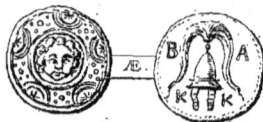

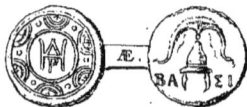

Il pourra paroître extraordinaire que ce Roi

foit le premier de tous ceux de Macédoine fur les médailles duquel il y ait des fanons. Je n'en trouve point d'autre raifon, fi ce n'eft que du vivant d'Antigone Gonate fon pere, il avoit été fait Pontife, & que parvenu fur le trône il conferva cette dignité facerdotale.

La médaille que l'on voit ci-après eft de Philippe fils de Démétrius. Elle repréfente d'un côté, au milieu d'un bouclier Macédonien, la tête de ce Roi couverte d'un cafque furmonté d'un griffon : de l'autre côté eft un bonnet Pontifical avec des fanons.

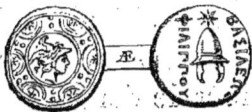

On n'a rien à obferver fur cette médaille, fi ce n'eft qu'en héritant du Royaume de fon Pere, il conferva également les marques de la fuprématie qu'il poffédoit.

La médaille fuivante de la ville d'Orthagoria en Macédoine, que j'ai déja rapportée dans le Recueil des Médailles de Villes, Pl. XXXII, n°. 47, *page* 186, repréfente d'un côté la tête de

Diane, & de l'autre un bonnet Pontifical ayant des fanons, avec la légende ΟΡΘΑΓΟΡΕΩΝ.

Cette médaille qui n'eft point du nombre de celles des Rois, doit avoir été frappée pour marquer que cette ville, qui fut enfuite appellée Stagire, étoit gouvernée par un Pontife & peuplée d'hommes droits & juftes, & par conféquent d'une conduite réguliere, comme le nom de cette ville, compofé de deux mots Grecs le défigne.

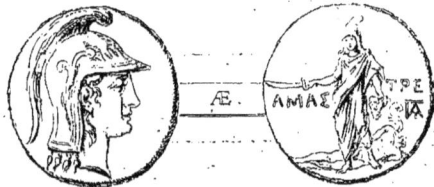

J'ai déja rapporté, Tom. II. des Médailles

de Villes , le grand médaillon de bronze
que l'on vient de voir , & j'y avois marqué
que j'ignorois à quoi pouvoit se rapporter le type extraordinaire qu'il contient.
M. Eckell qui en fait mention dans son Ouvrage
intitulé *Nummi veteres anecdoti , &c.* imprimé
à Vienne en Autriche en 1775 , prétend que
c'est Persée qui coupe la tête de Méduse.
Mais il n'a pas pris garde que la figure qui y
est représentée debout, la tête couverte d'un
bonnet Phrygien d'où pendent des fanons ,
ne peut être celle de ce héros, qui est figuré
d'une façon tout à fait différente sur tous les
monuments où il se trouve, & notamment
sur une médaille de Caracalla frappée dans
la ville de Sébaste en Phrygie , publiée par
M. le Comte de Caylus , rapportée par M.
Eckell lui-même, & que je redonnerai encore
dans la suite avec quelques observations. Il
n'a pas distingué d'ailleurs que la tête coupée
que la figure debout tient de sa main gauche ,
sur le médaillon précédent de la ville d'Amastris ,
est celle d'un homme barbu , & par conséquent
ne ressemble point à celle de Méduse.

La figure qu'on voit sur ce médaillon, ne
peut être que celle d'un Roi ou d'un Pontife,

comme les deux fanons de fa coëffure le font connoître ; & je crois pouvoir avancer que c'eft Tiridate qui coupe la tête de Phérécles, furnommé Agathocles, Gouverneur fous Antiochus II, Roi de Syrie, de toutes les Provinces qui étoient au-delà du Tigre. J'ajouterai à ce que j'ai déja dit de cet événement dans mon Receuil de Médailles de Rois, page 133, qu'Arface & fon frere après s'être révoltés & avoir fait arrêter ce Gouverneur, qui, par fes vexations outrées, étoit déja en horreur dans tout le pays, tinrent un Confeil avec les principaux de leur faction, dans lequel il fut décidé de le faire mourir, & que Tiridate fe chargea de l'exécution d'autant plus volontiers, qu'il fe vengea en même temps de l'outrage particulier qu'il en avoit reçu.

La conformité finguliere qui fe trouve entre la coëffure des deux freres Arface & Tiridate, & celle qu'on voit fur la tête de la figure du médaillon en queftion de la ville d'Amaftris, contribue beaucoup à confirmer mon opinion à cet égard. Pour faire connoître quels peuvent être les motifs qui ont engagé les habitants d'Amaftris, à faire repréfenter cet événement fur de grands médaillons de cette efpèce, je
dois

dois dire qu'étant tous, pour la plupart, ou Perfans ou originaires de Perfe, ils conferverent de l'affection pour leur patrie, d'autant plus qu'ils avoient été extrêmement vexés par plufieurs tyrans, qui avoient fucceffivement poffédé leur ville pendant beaucoup d'années. Ils étoient devenus libres alors, & ils firent fabriquer ces fortes de médaillons, non comme monnoies, mais comme un témoignage public des vœux qu'ils faifoient pour revenir fous la domination des defcendants d'anciens Roi Perfans, en y marquant la mort d'Agathocles, comme l'époque à laquelle les Perfes étoient rentrés en poffeffion des États de leurs ancêtres.

A l'occafion de la coëffure de Tiridate, que j'ai dit ci-devant être un Bonnet Phrygien, j'obferverai ici que c'eft une Tiare Perfanne, & je réformerai en conféquence ce que j'en avois marqué précédemment dans ma feconde Lettre, imprimée en 1770. Après que les Rois de Perfe fe furent emparés de prefque toute l'Afie, & en particulier de la Phrygie, qu'ils firent gouverner par des Satrapes, & par beaucoup d'autres Officiers en fous ordre, les uns & les autres y apporterent la coëffure qu'ils avoient en Perfe, c'eft-à-dire, la tiare des No-

H

bles, dont le fommet étoit panché fur le devant, n'y ayant que les Rois feuls qui fe réferverent le privilege de la porter toute droite. D'où il réfulte que cette coëffure, qui étoit portée par un grand nombre de perfonnes en Phrygie, fut appellée bonnet phrygien : nom que l'on donna pareillement à la même coëffure qui fe trouve fur des médailles frappées en d'autres pays conquis par les Rois des Parthes. Comme c'étoit l'ornement de tête le plus noble & le plus diftingué, elle fut donnée, fur les monuments publics & les médailles, aux figures de quelques Divinités qui y font repréfentées, & particulierement à celles du prétendu Dieu Lunus, que tous les Auteurs, qui en ont parlé ont identifié avec la Lune, en la faifant mâle & femelle. M. l'Abbé le Blond, dans une Differtation qu'il a lue l'année derniere à l'Académie, rapportant tout ce qu'il a recueilli dans les anciens & meilleurs Écrivains de relatif à cette matiere, en a inféré que ce n'eft point le Dieu appellé du nom fuppofé de *Lunus*, mais le Dieu nommé MHN par les Grecs, & MENSIS par les Latins ; en l'honneur duquel les Grecs fur-tout célébroient chaque mois une fête qui portoit le même nom.

du mois que quelques villes ont marqué fur
leurs médailles, comme on le voit particulierement fur un affez grand nombre de celles des
Rois Parthes.

Je ne dois pas finir cet article fans remarquer
que les fanons font encore préfentement un fym-
bole de Chef de Religion, qui s'eft toujours confervé depuis plus de deux mille ans, comme on
le voit par les mitres de nos Archevêques & Evê-
ques, auxquelles des fanons font pareillement
attachés. Ils font en effet Chefs de la Religion,
mais chacun feulement dans l'étendue de fon
Diocèfe, la fuprématie dans l'ordre Hiérarchi-
que appartenant au Pape, qui eft le fouverain
Pontife.

MÉDAILLE

fur laquelle eft repréfenté PERSÉE *coupant la tête de* MÉDUSE.

En rapportant la préfente médaille T. III, des Médailles de Villes *page* 255, Pl. CXXXVI, n°. 7, j'ai dit, fans réfléchir fur le type qu'elle contient, que je n'avois rien à ajouter aux remarques dont M. le Comte de Caylus l'avoit accompagnée. M. Eckell a obfervé judicieufement que ce n'eft point Mercure qui y eft repréfenté, mais Perfée coupant la tête de Médufe. Tout en effet le démontre, & les ailes qu'on voit à fes pieds & qui ont caufé la méprife, devoient elles-mêmes fervir à le faire reconnoître. J'aurai dans la fuite occafion de faire quelques

obfervations fur ces ailes ; mais je m'arrête ici à
remarquer quelles font les figures qui font fur
cette médaille, & comment elles y font difpo-
fées. D'un côté eft Médufe à genoux, vêtue
d'une robe, & Perfée qui d'un glaive à la main
lui coupe la gorge, fans la regarder, ayant la
tête détournée & les yeux fixés fur le bouclier
de Pallas, qui eft debout de l'autre côté & qui
le lui préfente, pour lui faire voir, comme
dans un miroir, la victime qu'il avoit à im-
moler fans courir le rifque d'être pétrifié, comme l'étoient tous ceux qui ofoient regarder en
face la Gorgone. Il s'enfuit du fecours que la
Déeffe guerriere donna en cette occafion à
Perfée, qu'elle s'attribua en partie le fuccès de
l'entreprife, & que conféquemment elle fit
mettre la tête de Médufe fur fon bouclier &
fur fa cuiraffe. C'eft un des fymboles qui la
diftinguent & qui lui eft propre comme le foudre à Jupiter, le trident à Neptune, la lyre
à Apollon, la maffue à Hercule, & autres
exemples qu'il feroit fuperflu de rapporter.

Quoiqu'il n'y ait point de fable plus connue
que celle des Gorgones, il n'en eft cependant
aucune où fe trouvent plus de variétés, & de
contradictions. Plufieurs Écrivains célebres en

ont tenté l'explication ; mais au lieu de débrouiller le cahos monftrueux dans lequel elle eft enveloppée, ils n'ont fait qu'épaiffir les ténebres, & accroître les doutes & les incertitudes, en donnant comme des réalités ce qui n'étoit que leurs idées particulieres. M. l'Abbé Maffieu qui joint à beaucoup d'ordre, de netteté, de précifion & d'élégance le plus profond favoir, a recueilli avec foin, dans une Differtation imprimée T. III des Mémoires de l'Académie des Belles-Lettres, tout ce que les Hiftoriens & les Poëtes nous ont tranfmis fur ce fujet. Il n'y laiffe rien à défirer, & l'on n'entreprendra point d'ajouter à fes curieufes recherches. On fe contentera feulement de faire quelques obfervations qui y font relatives.

La fable des Gorgones & en particulier celle de Médufe, affez fimple & uniforme dans fon origine, s'accrut beaucoup dans la fuite, & des Écrivains enthoufiaftes fe font efforcés à l'envi les uns des autres, de l'orner d'acceffoires & de particularités qui devinrent bien-tôt elles-mêmes de nouveaux fujets de fables. Sans être arrêtés par les préjugés & les contradictions, ils ont entaffé prodiges fur prodiges, & tranfportés par la fougue de leur enthoufiafme, ils se sont offusqués, égarés & perdus, pour ainsi dire, dans l'étendue nébuleuse des fictions de toutes especes qu'enfantoit leur imagination fantastique.

Pour entendre le vrai sens de cette fable, il faut remonter à sa source & la dépouiller du merveilleux dont on s'est plu à l'embellir. Dans les premiers temps, comme à présent, chaque navire avoit à sa proue, une figure soit d'homme ou de femme, soit d'animal ou autres, dont il portoit le nom. Les Anciens & les Grecs surtout, animoient & personnifioient toutes ces figures. De celle d'un cheval ailé, ils ont fait le Pégase, qui a donné lieu lui-même à une autre fable remplie de beaucoup de singularités. Le buste d'une femme avec une tête monstrueuse, fut appellé Méduse. Il seroit inutile de rapporter d'autres exemples, & il est tout naturel de croire que la Méduse ne fut réellement autre chose qu'un bâtiment de mer, qui prit le nom de la figure représentée sur son Avant.

Je pense aussi être fondé à dire que Persée commença ses exploits sur la Méditerranée, en faisant le métier de Pirate, prenant & saccageant tous les navires qu'il rencontroit, & se contentant d'en garder quelques-uns propres à porter

le butin qu'il avoit trouvé fur les autres. Indé-
pendamment du jeu forcé des avirons, car les
voiles & les mâts n'avoit pas encore été inven-
tés, fon navire étoit taillé & façonné de maniere qu'étant fort léger & tirant peu d'eau, il
paroiſſoit voler fur la furface de la mer. On ne
peut pas en effet penfer que les ailes qu'on lui
met aux pieds, lui ayent jamais fervi à s'élever
en l'air, ou qu'on ait voulu figurer par-là des
voiles de vaiſſeaux ; car en ce cas on les auroit
placées à fa tête. Je fuis donc perfuadé que ces
ailes aux pieds ne défignent que les rames du
navire qu'il montoit, & dont l'action a été ex-
primée par le *Remigium alarum*, que Virgile a
employé dans un autre fens.

Il reſteroit maintenant à parler des différentes
courſes de Perſée, mais il feroit trop long,
pour ne pas dire impoſſible, de le fuivre exacte-
ment dans tous les lieux où l'on prétend qu'il
s'eſt arrêté. Les Ecrivains ne s'accordent pas
plus entre eux fur ce point, que dans la fable
de Médufe. M. Jacob Bryant, dans un Ouvrage
intitulé *A new fyſtem, or, an Analyſis of ancient
Mythology*, imprimé à Londres en 1773 &
1774, rapporte aſſez au long tout ce qu'ils
nous ont tranſmis fur fes voyages & fes autres
expéditions.

expéditions. Mais les détails dans lefquels il eft
entré , loin de nous fournir des notions claires
& précifes, ne font, ce me femble , qu'augmenter le trouble & la confufion. Cependant ,
fi dans une matiere auffi obfcure , il eft permis
de donner quelques conjectures , il eft vraifemblable qu'après fon expédition contre les
Gorgones , fur les côtes de Lybie , il fit quelques defcentes fur celles de Phénicie , où ,
fuivant le rapport des Poëtes , il délivra An-
dromede , qui étoit condamnée à devenir la
proie d'un monftre marin ; & que de-là il fe
rendit en Mauritanie. Mais au moins ce qu'on
peut affûrer, c'eft qu'il n'eft point forti de la
Méditerranée , comme l'a déja très-bien remarqué M. l'Abbé Banier ; & que la mer étant
pour lui un champ plus fûr & plus vafte pour
exercer fes pirateries , il ne fe hazarda jamais
à s'avancer dans l'intérieur des terres. On me
permettra de n'ajouter aucune foi au récit de
l'Auteur des Chroniques Alexandrines , qui fait
régner Perfée en Affyrie , après la mort de
Sardanapale. Son fentiment particulier à cet
égard , dont s'eft appuyé M. Eckell , ne doit
point balancer le témoignage des Ecrivains
anciens , qui difent unanimement que Perfée ,

I

après toutes fes expéditions , revint dans le Péloponnèfe, fa patrie, où il bâtit la ville de Mycènes , long-temps avant la guerre de Troie. Le grand nombre d'Aventuriers qui l'avoient accompagné dans fes courfes , & les richeffes qu'il avoit amaffées , lui fervirent à peupler fa nouvelle ville & à la rendre une des plus floriffantes de la Grece. Il en fit la capitale d'un Royaume qui fut , après fa mort , poffédé , pendant environ un fiecle , par fes defcendants.

Je n'entreprendrai point non plus de relever les anachronifmes & les contradictions fans nombre dont fourmillent les récits des Ecrivains qui en ont parlé , ni d'expliquer les différents prodiges qu'on lui fait opérer avec la prétendue tête de Médufe. Phinée & fes compagnons pétrifiés ; Atlas changé en montagne ; l'ifle de Sériphe & tous fes habitants convertis en rochers , & plufieurs autres métamorphofes fingulieres , ne font que des vifions éclofes du cerveau des Poëtes ; & ce feroit abufer de la patience des Lecteurs que de leur détailler de pareilles abfurdités , plus propres à les ennuyer qu'à fatisfaire leur curiofité.

J'abandonne tout ce que M. Eckell a rapporté fur l'origine des Perfes , qu'il attribue à Perfée , & fur l'efpece de culte qui lui étoit rendu dans la plupart des villes de l'Afie. Mais je crois être obligé de répondre ici particulié-rement aux Obfervations critiques qu'il paroît s'être attaché à faire fur ce que j'ai dit de plu-fieurs des mes médailles, rapportées dans mes Recueils imprimés.

RÉPONSE AUX OBSERVATIONS CRITIQUES
de M. ECKELL.

DANS mon premier volume des Médailles
de Villes, page 158, j'ai rapporté une médaille
de Cithéron, qui n'a pour légende que les
trois premieres lettres de son nom ΚΙΘ, & pour
type trois Croissants. Il est étonnant qu'après
tout ce que j'ai dit des Fêtes qui se célébroient
sur cette montagne, M. Eckell prétende, page
45 de son Ouvrage imprimé à Vienne en
Autriche en 1775, que je me sois trompé, &
que la médaille soit de la ville de Crotone dans
la grande Grece. Je dois d'abord répondre que
la mienne est très-bien conservée, & que je
suis persuadé que la sienne ne l'est pas : que la
seconde lettre *Iota* aura souffert quelque choc
qui l'aura fait paroître comme un *Rho*, & que
le milieu du *Théta* aura été effacé. En second
lieu sa médaille ne peut être de Crotone, de
laquelle ville & de toutes celles des environs,
on ne connoît aucune médaille avec un pareil
type. Troisiémement, on ne comprend pas
comment en disant qu'elle ne peut pas être de

Cithéron, parce qu'aucun Ecrivain ne dit qu'il y eût une ville fur cette montagne, il rapporte lui-même, page 89, une médaille qui a pour légende O⊙, & l'attribue à une prétendue ville fur le mont Othrys en Theſſalie, convenant cependant qu'aucun Auteur n'en a fait mention. Je ne puis m'empêcher d'obſerver que c'eſt dire évidemment le pour & le contre, & montrer que les foibleſſes de la nature humaine font tomber quelquefois les Ecrivains dans les mêmes fautes qu'ils reprochent aux autres.

La critique de M. Eckell m'a porté à revoir & examiner la médaille en queſtion, & à faire en conſéquence l'obſervation ſuivante. J'ai dit que la ville de Theſpies étoit ſituée vis-à-vis le Cithéron, & peut-être même eſt-ce dans cette ville que la médaille, dont il s'agit, a été frappée. C'étoit pour ceux qui l'habitoient un ſpectacle admirable de voir qu'en certains jours de chaque mois, la Lune, dans ſes différentes phaſes, ſortoit, comme ils le croyoient, de derriere le Cithéron & s'élevoit juſqu'au deſſus du mont, d'où, après avoir traverſé le ſommet, elle reprenoit ſon cours ordinaire dans les airs. C'eſt pourquoi il y a

trois Croiffants fur notre médaille. C'eft auffi
pour la même raifon que la ville de Thefpies a
fait repréfenter des Croiffants fur les fiennes,
comme on peut le voir par celles que j'ai rapportées, Tom. I. des Médailles de Villes, page
157; & M. Eckell lui-même en a auffi publié
une de cette ville fur laquelle il y a deux
Croiffants. Ce qui prouve qu'elle rendoit un
culte particulier à la Lune, par les motifs dont
j'ai fait mention.

M. Eckell, page 48, attribue à une ancienne ville de Sicile, appellée *Naxus*, les médailles d'argent que j'ai publiées de l'ifle de Naxus,
Tom. III. des Médailles de Villes, page 88,
& il fe fonde particulierement fur ce qu'on en
a trouvé plufieurs femblables en Sicile. Mais
les types de ces médailles, repréfentant les unes
Bacchus & Silène, & une autre une grappe
de raifin, font connoître évidemment qu'elles
font de l'ifle de Naxus, qui a toujours produit
& produit encore à préfent beaucoup de vin.
Les Antiquaires qui ont publié de pareilles
médailles, les référent également à cette ifle;
& de ce qu'il s'en eft trouvé plufieurs femblables en Sicile, ce n'eft pas une raifon fuffifante
pour affûrer, comme il le fait, qu'elles font

Siciliennes, parce qu'elles peuvent y avoir été portées par le commerce. D'ailleurs cette ville qui exiſtoit dès l'origine de la ville de Syracuſe, & qui ne ſubſiſta que très-peu de temps, étoit ſituée dans un terrein fangeux & marécageux, & par conſéquent nullement propre à la culture des vignes. Au ſurplus, tout ce qu'il dit pour appuyer ſon opinion, ne me paroît pas concluant, & ne m'empêche pas d'être toujours perſuadé que ces médailles ſont de l'iſle de Naxus, où ont été trouvées quelques-unes de celles que j'ai acquiſes.

Il rapporte, page 97, pluſieurs médailles qui n'ont pour légende que les deux lettres IΣ, & les attribue à l'iſle *d'Iſſa*, & dit que la médaille que j'ai donnée avec celle *d'Iſtiée* en Eubée, Tom. III des Médailles de Villes, page 38, eſt auſſi de cette iſle. Je conviens qu'en cela ſon obſervation eſt juſte; mais en publiant cette médaille, j'ai marqué qu'il n'étoit pas ſûr qu'elle appartint à cette ville.

Il a eu raiſon auſſi de remarquer, page 93, que les médailles d'argent que j'avois attribuées à l'Apollonie de Thrace, ſont de l'Apollonie d'Illyrie. Mais il y avoit déja long-temps que je m'étois apperçu de cette mépriſe, & j'avois

reporté fur le champ ces médailles à cette
derniere ville, comme on peut le voir dans
ma Collection qui a paffé au Cabinet du Roi.

Il prétend, page 107, que la médaille de
bronze, qui repréfente d'un côté une grappe
de raifin avec les lettres ΣΩ, & de l'autre un
vafe avec les trois lettres ΕΥΔ, n'eft point de
la ville de *Soli* en Chypre, comme je l'ai marqué Tom. III des Médailles de Villes, page
78, & il l'attribue à l'ifle de Corcyre, en la
comparant à une des fiennes qui d'un côté a
pour légende ΚΟΡ avec le type d'un demi-bœuf,
& de l'autre côté une grappe de raifin avec les
lettres ΣΩ. Il n'eft pas douteux que fa médaille
ne foit de Corcyre, comme les lettres ΚΟΡ le
démontrent : les deux lettres ΣΩ qui font de
l'autre côté, font les deux premieres d'un nom
de Magiftrat, comme on en voit fur beaucoup
d'autres médailles de cette ifle. Mais fur la
mienne, ces deux lettres défignent le nom d'une
ville, & les trois lettres ΕΥΔ, qui font au
revers, le nom d'un Magiftrat. Au refte le nom
de la ville de *Soli* pouvoit être écrit par un
Oméga, ou par un *Omicron*, auffi bien que celui
de l'ifle de *Cos* en Carie, qu'on trouve écrit
de différentes manieres fur des médailles, tantôt
par

par un Omicron ΚΟΩΣ & ΚΟΙΩΝ , & tantôt par un Oméga ΚΩΩΣ & ΚΩΙΩΝ.

Je paſſe les obſervations qu'il fait , page 127 , ſur la médaille que j'ai attribuée à la ville de Naupacte , dans ma Lettre II , page 200 , parce qu'il dit lui-même qu'on ne connoît pas encore la vraie ſignification des lettres ΝΑΥ qui ſont ſur cette médaille.

Il peut bien avoir raiſon d'attribuer à la ville d'Epidaure , comme il a fait page 137 , la médaille que j'ai rapportée Tom. I. des Médailles de Villes , page 82 , ſur laquelle j'avois préſumé que le mot effacé de la légende pouvoit être ΝΙΚΟΠΟΛΕΩΣ.

Je ne répondrai rien à ce qu'il dit , page 146 , ſur la médaille que j'avois d'abord attribuée à la ville d'*Ariſtæum* en Thrace , ſi ce n'eſt que j'avois déjà reconnu qu'elle eſt de la ville de *Cnoſſe* en Crete , & que je l'avois référée à celles de cette ville , dans ma Collection qui eſt aujourd'hui au Cabinet du Roi.

Il ſe peut bien que celle que j'ai rapportée à l'iſle d'*Andros* ne ſoit point de cette iſle , comme M. Eckell le marque , page 159 : mais le monogramme qui y eſt marqué , & qu'il dit déſigner la ville de Smyrne , ne démontre

K

pas non plus qu'elle foit de cette derniere ville.

Il rapporte, page 156, une médaille d'argent qui a pour légende TΥΛΙΣΙΟΝ, & cite à cette occafion une de mes médailles pareilles, que je n'ai point publiée, mais dont j'avois envoyé le deffin au Pere Kell, fon prédéceffeur. Si je n'ai point fait mention de cette médaille dans mes Recueils imprimés, c'eft qu'elle m'a paru fufpecte, & qu'il m'en étoit tombé en main une autre toute femblable de bronze, que j'ai jugée contrefaite. J'admire la fatigue extrême que M. Eckell s'eft donnée à faire les très-longues recherches qu'il détaille, pour découvrir d'une part le vrai nom de la ville prétendue que contient la légende de cette médaille, & d'autre part, le vrai lieu où elle devoit avoir été frappée.

Il m'accufe, page 162, d'avoir attribué à la ville de *Chalcis* en Syrie, la médaille que j'ai rapportée Tom. II. des Médailles de Villes, page 210, fans faire mention que j'ai dit qu'elle pouvoit être plutôt de la *Chalcis* d'Eubée.

Je ne difconviens pas que le médaillon d'argent que j'ai attribué à la ville d'*Æge* en Macé-

doine , ne puiffe être de l'Ægé en Æolie ,
comme le prétend M. Eckell , page 201. Mais,
tout ce qu'il en dit ne prouve pas qu'il foit
abfolument de cette ville.

Je ne m'éloigne pas de fon fentiment dans
ce qu'il dit , page 217, fur la médaille que
j'ai rapportée de la ville d'*Arycanda* , Tom. II.
des Médailles de Villes , page 135. Elle peut
bien être en effet de la ville d'Abyde dans la
Troade.

Mais je ne puis adhérer en aucune façon à
fon opinion fur le lieu où il prétend qu'a été
frappée la médaille d'Héraclée de Bithynie ,
que j'ai rapportée Tom. II. des Médailles de
Villes , page 22. Il la réfere à la ville de *Tarfe*
en Cilicie , par rapport au mot ΤΕΡΣΙΚΟΝ qui
s'y trouve infcrit , & rapporte en pure perte
un très-grand nombre de citations pour tâcher
de le prouver. Mais je répete ici que la tête
de femme qui y eft repréfentée couverte d'une
coëffure finguliere , fçavoir d'une efpece de
panier orné de fleurs , eft entierement femblable à la tête d'une autre médaille de la ville
d'Héraclée , qui a pour légende HPAKΛΕΙΑ , &
à une autre de *Cromna* , ville qui en étoit peu
éloignée. Ces médailles different, à tous égards,

de celles que l'on a en grand nombre de *Tarſe*
& des autres villes de Cilicie. D'ailleurs elle
m'eſt venue de la ville d'Ancyre, aujourd'hui
Angora, avec pluſieurs autres d'Amaſis,
d'Amiſus, de Sinope & autres villes du même
pays. C'eſt le mot ΤΕΡΣΙΚΟΝ, inſcrit ſur
cette médaille, qui l'a déterminé à la référer à la
ville de Tarſe. Si, comme il le dit, ce mot
n'eſt pas Grec, il n'y a qu'à l'ajouter à ceux
de ΒΟΡΕΙΤΗΝΗ, ΑΡΒΟΥΜ, ΠΙΚΕΟΥΜ,
ΡΡΟΡΟΜ, & autres noms inſcrits ſur des
médailles, qu'il dit être reſtés en uſage des
anciennes langues qui ſe parloient avant l'éta-
bliſſement de la langue Grecque.

M. Eckell fait auſſi, page 240, des obſervations ſur une médaille de la ville d'*Æƶanis*
que j'ai rapportée Supplément II, page 92.
Après avoir décrit le type du revers, j'ai dit
qu'il repréſentoit une Furie. Il prétend que c'eſt
la figure d'Hécate, & pour appuyer ſon
opinion, il fait un très-long récit de tout ce
que les anciens Écrivains en ont rapporté. Si
je me ſuis trompé, les Lecteurs en jugeront, &
feront au moins ſatisfaits de la grande érudition
qu'il a employée pour combattre mon interprétation.

C'est avec raison qu'il a observé, page 272, que la médaille que j'avois attribuée à la ville de *Conium* dans la Phrygie Pacatienne, est d'*Iconium* en Lycaonie. Mais je m'étois déjà apperçu que la premiere lettre du nom, qui est un *Iota*, y manquoit, ayant été emportée dans la fabrique, par le bizeau, & je l'avois remise, il y a plusieurs années, avec celles de la ville d'*Iconium*.

Jusqu'ici je me suis borné uniquement à répondre aux observations critiques de M. Eckell, sur les médailles que j'ai publiées. Mais regardant comme faites à moi-même les objections qu'il a formées contre l'explication que M. l'Abbé le Blond a donnée des trois lettres ΤΠΜ, qui se trouvent sur une médaille de Caracalla, frappée à Laodicée de Carie, je crois devoir marquer aussi ce que j'en pense. En général je suis de l'avis de M. l'Abbé le Blond, sur la valeur de ces caracteres, & je ne trouve point qu'il ait été combattu par M. Eckell d'une façon probante. Sans entrer dans le détail, j'ajouterai seulement que M. l'Abbé le Blond n'est pas le premier qui ait trouvé que ces trois lettres ne formoient point une époque. Le Docteur Wise, dans ses sça-

vants Commentaires fur les Médailles du Cabinet de Bodley , avoit déjà judicieufement
remarqué avant lui , que perfonne ne pouvoit
affûrer que ces trois lettres défignaffent une
époque.

Si je ne m'étois pas impofé la loi de ne point
rechercher , ni de relever dans les ouvrages de
la plupart des Antiquaires , les erreurs qui s'y
trouvent , je pourrois en indiquer ici plufieurs
qui font échappées à M. Eckell , foit en rapportant pour vraies des médailles fauffes &
contrefaites , foit en hazardant des explications de médailles fruftes & mal confervées.
Mais en général fon ouvrage , qui eft rempli
d'une très-grande érudition & d'un nombre
infini de recherches curieufes & fçavantes ,
mérite des éloges , & fervira beaucoup à tous
ceux qui s'appliquent à l'étude de l'Hiftoire ,
de la Géographie , de la Mythologie & des
monuments antiques.

SUPPLÉMENT.

Observations fur le Médaillon d'argent rapporté dans le fleuron du Titre.

Ce Médaillon repréfente d'un côté la tête de Ptolémée II, déjà avancé en âge, & de l'autre côté un Aigle pofé fur un foudre, type ordinaire des monnoies des Rois d'Égypte, avec la date de l'année NS, 56, & les deux lettres ΠA derriere l'aigle. Quoique l'on connoiffe un affez grand nombre de médailles de Ptolémée Philadelphe, je crois cependant qu'il ne déplaira pas aux amateurs de l'antiquité de voir celle-ci à caufe de la fingularité de fa date qui préfente plufieurs difficultés dignes d'être éclaircies.

Vaillant, dans fon Hiftoire des Lagides, a rapporté plufieurs médailles de Ptolémée II, avec différentes dates, dont une avec celle de l'année MΘ, 49, & la tête du Roi encore jeune. Comme cette date ne pouvoit s'appliquer au regne particulier d'aucun Roi d'Égypte qui eût occupé le trône cet efpace de temps, Vaillant a cru

donner la folution de la difficulté en préten-
dant que, dans les commencements, Ptolémée
II avoit fait marquer fur fes médailles les années
du regne de fon Pere avec celles du fien, &
qu'il continua d'en ufer de même, tant que
Bérénice fa mere vécut ; mais qu'après fa mort,
qui arriva la 49ᵉ. année des Lagides & la onzieme depuis fon avénement au Trône, il ne fit
plus marquer fur fes monnoies que les années
de fon propre regne. Ce fyftême, qui paroît fe
bien concilier avec la tête jeune du Prince, &
la date marquée fur la médaille qu'il rapporte,
eft détruit entiérement par le médaillon en
queftion. Car d'un côté, l'air de vieilleffe qui
caractérife la tête qu'on y voit, ainfi que fur un
autre à peu près pareil de l'année NB, 52, ne
peut s'accorder avec la figure encore jeune que
ce Prince auroit dû avoir, fi fur fes monnoies
il n'eût marqué les années du regne de fon Pere
& du fien que dans les premiers temps qu'il
porta la couronne. D'ailleurs ce médaillon
prouve évidemment que fi Ptolémée avoit
adopté cette maniere de dater, il ne l'avoit pas
abandonnée immédiatement après la mort de
fa mere, puifque fept ans après cet événement, l'on trouve encore des médailles fur
lefquelles

lefquelles on auroit fuivi cette façon de compter.

Mais ce qui jette plus de confufion encore fur cette partie intéreffante de la Chronologie de ce Roi d'Egypte, ce font d'autres médailles d'argent avec la tête plus jeune de ce même Prince, & les dates baffes des années Δ, E, Ϛ, 4, 5, 6, &c, que Vaillant n'a point connues & qu'il eft impoffible de concilier avec la conjecture qu'il a établie. En effet, fi, comme il le dit, fur la médaille qu'il rapporte avec l'année MΘ, 49, Ptolémée Philadelphe eft figuré jeune, ce Roi auroit donc fait frapper dans la même année de fon regne, & pour ainfi dire dans le même lieu, des monnoies qui le repréfenteroient, celles-ci à la fleur de l'âge & celles-là avec un air plus mûr & déjà vieux ; & d'autres fur lefquelles il auroit marqué tantôt les années du regne de fon Pere jointes à celles qu'il avoit déjà régné lui-même, & où tantôt il n'auroit compté que celles de fon propre regne. Contradiction manifefte qui dérive naturellement du fyftême adopté par l'Auteur de l'Hiftoire des Rois d'Egypte, puifque, l'année MΘ, 49 des Lagides étant la 11e. du regne de Ptolémée II, on a d'autres médailles

L

où cette même année onzième eſt marquée
par la date ſimple de IA. L'on ne pourra pas
dire que ces médailles avec des baſſes dates
ne ſont point de ce Roi : elles ſont inconteſta-
blement de lui, & il ſeroit impoſſible de s'y
méprendre. Les deux premiers Ptolémées ſont
aiſés à reconnoître entre tous les autres. Un
front très-large, un menton recourbé, la bouche
renfoncée, caractériſent le Pere & le fils de
maniere à les diſtinguer ſans peine, & ſur les
médailles en queſtion il n'eſt pas difficile non
plus de déterminer que c'eſt la tête de Ptolémée Philadelphe. Ptolémée Soter déjà âgé quand
il monta ſur le Trône, ne peut être confondu
avec ſon fils qui n'avoit que 24 ans, lorſqu'il
lui abandonna la couronne.

Je poſſede encore aujourd'hui une douzaine
de ces médailles portant des dates baſſes, à
commencer de l'année Δ, 4e. C'eſt ſur toutes
le même profil, le même air de tête que ſur
celles qui ont des hautes dates, excepté que les
unes nous repréſentent le Prince encore jeune,
& les autres dans un âge plus avancé ; de ſorte
que ſans le ſecours même des dates marquées
de l'autre côté, on pourroit les placer dans
l'ordre où elles doivent être, en ſuivant ſeule-

ment les dégradations fenfibles fur chaque tête,
en proportion que le nombre des années aug-
mente.

Vaillant s'eft auffi, je crois, trop avancé en
affirmant que les lettres ΠΑ, ΣΑ, ΚΙ, placées
derriere l'Aigle, défignoient des noms de villes
de l'ifle de Chypre. Le médaillon fuivant avec
la date de l'année ΜΗ, 48, au-devant de l'Aigle, & qui n'a qu'un Δ à la place où font
toujours, fur tous les autres, les lettres ΠΑ,
ΣΑ, ou ΚΙ, en eft une preuve.

L'ON ne connoît dans l'ifle de Chypre aucune ville dont le nom commençât par cette
lettre Δ, & la médaille eft d'ailleurs toute
femblable aux autres quant à la fabrique ;
ce qui porte à croire que ces caracteres déno-

L ij

tent autre chofe que des villes de cette ifle. Mais de plus eft-il naturel de penfer que les Rois d'Egypte qui faifoient fabriquer dans leur propre pays tant & de fi belles médailles en or & en bronze, euffent fait battre toutes celles d'argent en Chypre qui ne produifoit point les matieres propres à cette fabrication, & où par conféquent ils auroient été obligés de les envoyer? On pourroit dire avec plus de raifon peut-être, que ces lettres font les premieres du nom de quelques Nomes d'Egypte, tels que *Panopolis*, *Sais*, *Diofpolis*. Cela paroîtroit du moins affez vraifemblable, d'autant plus que toutes ces médailles viennent d'Egypte, où elles ont été trouvées, & qu'on n'en a encore reçu aucune qui eût été découverte dans l'ifle où Vaillant dit qu'elles ont été fabriquées. Mais fans vouloir donner l'explication précife de ces lettres, & fans chercher à remplacer l'opinion de ce fçavant Antiquaire par une autre qui auroit auffi fes inconvénients, j'imagine que ces caraéteres ne font autre chofe que des marques des lieux dans lefquels les médailles ont été frappées. Cet ufage eft encore aujourd'hui pratiqué parmi nous, chaque Hôtel des Monnoies ayant une lettre ou une autre marque, pour diftinguer fa fabrique ; & dans ces anciens temps, il devoit y avoir auffi en Egypte, dans chaque endroit où l'on battoit des Monnoies, un Directeur chargé de veiller fur la conduite des Ouvriers monétaires, & qui étoit obligé de répondre du poids & du titre des Efpeces.

En donnant ces obfervations, je n'ai point eu intention de diminuer la gloire que Vaillant mérite à fi jufte titre. Je n'ai point prétendu non plus lever toutes les difficultés que préfente les deux médaillons en queftion. Content de les avoir expofées, je laiffe à d'autres l'honneur de difcuter cette matiere & de diffiper nos doutes ; & cela d'autant plus volontiers que j'apprends que M. l'Abbé le Blond fe propofe de lire fur ce fujet une Differtation à l'Académie, en rapportant une de fes médailles, pareille à une des miennes, avec la date de l'année NB, 52.

Après avoir expofé les difficultés qui fe rencontrent dans les dates des médailles de Ptolémée Philadelphe, je penfe qu'on ne trouvera pas déplacé que j'en propofe encore ici quelques autres fur des médailles de l'Empereur Hadrien, avec la date de l'année IA, onzieme de fon regne , & des noms de Nomes ou Villes d'Egypte. Ces diverfes monnoies m'ont femblé offrir des fingularités qu'il feroit bon auffi de développer , & qui confiftent à connoître l'année dans laquelle Hadrien eft arrivé en Egypte , les raifons qui ont pu donner lieu à la fabrication de ces médailles , & l'endroit où chacune a été frappée.

Les Sçavants ne font point encore d'accord entre-eux fur l'année dans laquelle cet Empereur a fait fon voyage en Egypte , & combien de temps il y eft refté , l'hiftoire ne fourniffant fur ce fujet aucune notion fûre & précife. Les uns , foutenus du témoignage de Saint Jérôme , ont placé cet événement dans la 129e. année de J. C. c'eft-à-dire , la douzieme du regne d'Hadrien. Les autres , fur la foi d'Eufebe qui avoit vu les mémoires compofés fur la vie de cet Empereur par Phlégon fon affranchi , l'ont porté à l'année 13e. Ceux-ci en combinant la fuite des faits qui ont rempli le regne de ce Prince , ont conclu qu'il ne pouvoit être en Egypte ni dans l'une ni dans l'autre de ces deux époques , & ont prétendu que ce ne fut que dans la 15e. année de fon empire qu'il vifita cette Province. Ceux-là s'appuyant de l'autorité d'un prétendu paſſage de Spartien, qui ne dit cependant pas un ſeul mot du temps de ce voyage, ont auſſi ſuivi ce dernier ſentiment. Il ſeroit bien à déſirer que quelque Sçavant profondément verſé dans la connoiſſance de l'ancienne Chronologie, voulût conſacrer quelques-unes de ſes veilles à éclaircir à fond cette queſtion, & nous donner un réſultat ſatisfaiſant de ſes recherches. Pour moi je n'entreprendrai point de diſcuter les diverſes opinions que j'ai rapportées, ni de les concilier enſemble. Je dirai ſeulement qu'il ne me paroît guere croyable qu'Hadrien, comme l'a ſuppoſé un ſçavant Académicien, ait fait, dans la onzieme année de ſon regne, un premier voyage en Egypte, différent de celui qu'il y fit quelques années après. L'on retrouveroit aſſurément dans l'hiſtoire quelques traces de cette particularité intéreſſante.

Mais ſans reſter davantage ſur cette difficulté, qu'il ne faut pas déſeſpérer de voir lever un jour, je paſſe à ce qui peut avoir donné lieu à la fabrication de tant de médailles de petit bronze, datées toutes de l'année onzieme d'Hadrien, & portant des noms de Nomes ou villes de l'Egypte. Je ne trouve nulle part qu'aucun

Antiquaire fe foit attaché à en rechercher la caufe. Vaillant, qui, dans fon *Ægyptus Numif-matica*, en a rapporté vingt-deux, fe borne à donner la defcription & l'explication du type de chaque revers, avec la pofition géogra-phique du lieu dont le nom eft infcrit fur la médaille, fans entrer aucunement dans cet examen. M. l'Abbé Belley, qui après lui a enrichi cette fuite de dix autres médailles, a fuivi à-peu-près le même plan. Cependant au commencement de fa Differtation, il paroît pencher à croire que toutes ces médailles ont été frappées par les différents Nomes ou villes de l'Egypte, à l'occafion de quelques nou-veaux priviléges qu'Hadrien leur accorda, ou en mémoire de ce que cet Empereur les con-tinua dans la jouiffance de ceux qu'ils poffé-doient auparavant. Cette explication n'a fans doute par elle-même rien qui répugne à la vérité de l'Hiftoire & au caractere bienfaifant du Prince. Mais le fçavant Académicien n'a pas fait attention que toutes ces médailles étant entiérement femblables entre elles tant pour la forme & la fabrique, que pour le poids & l'arrangement des lettres qui compofent la légende de chacune, il n'étoit guere poffible
qu'elles

qu'elles euffent été frappées dans la même
année par tous les différents Nomes ou Villes
répandus en Egypte. Quoique jufqu'à préfent
l'on ne connoiffe encore que trente deux médailles de ces divers Nomes en petit bronze, il
n'y a. pas lieu de douter qu'on ne parvienne
dans la fuite à en augmenter beaucoup le
nombre. Or comment concevoir que dans toute l'étendue de l'Egypte, qui avoit 200 lieues
de long & plus de 100 de large fur le bord de
la Méditerranée, on ait pu fabriquer dans le
même temps & dans des lieux fi éloignés les uns
des autres, des monnoies fi parfaitement femblables entre elles? Car que l'on jette les yeux
fur celles du Nome Hermonthis, fitué dans la
haute Egypte, au-deffus de la ville de Thèbes,
& fur celles du Nome Onuphis placé dans le
Delta, à environ 150 lieues du premier, l'on
ne trouvera abfolument d'autre différence
que celle du Type, & l'on eft porté tout naturellement à juger que ces deux pieces fortent
de la main du même ouvrier. Il en eft de même
de deux autres médailles portant, l'une le nom
d'APABIA, & l'autre celui de AIBYH, Nomes
ou Préfectures qui étoient pour ainfi dire aux
deux autres extrémités de l'Egypte. Il fera donc

M

toujours bien difficile de s'imaginer que ces diverſes médailles ayent été frappées dans le lieu même dont elles portent le nom , puiſqu'il n'eſt pas vraiſemblable qu'à des diſtances auſſi grandes , on ait pu ſi bien ſe rencontrer en tous points , que les yeux même les plus clair-voyants ne ſçauroient y trouver , comme je l'ai déjà dit , d'autre différence ſenſible que celle du nom du Nome , & du type particulier à chacun d'eux.

En donnant ces obſervations , je n'ai point tenté de lever entierement les doutes & les difficultés que ces médailles préſentent. Je n'ai point la préſomption de croire que mes foibles lumieres puiſſent développer ce qui a échappé à la ſagacité de pluſieurs ſçavants Antiquaires. Mais l'on me permettra , je crois , de hazarder quelques idées que les médailles en queſtion m'ont fait naître. L'Hiſtoire nous ap-prend que l'Empereur Hadrien répandit des bienfaits & des libéralités ſans nombre dans toutes les provinces de l'Empire Romain. L'Hiſ-toire nous apprend également que les peuples de l'Egypte d'un caractere railleur , changeant & porté à la nouveauté , étoient toujours prêts à prendre les armes pour le moindre ſujet.

L'on en connoît plus d'un exemple qu'il eſt inutile de rapporter ici. Ne pourroit-on pas dire qu'Hadrien, curieux de voir de ſes propres yeux les merveilles qu'on racontoit de l'Egypte, & méditant peut-être de viſiter cette Province plutôt qu'il n'y alla en effet, fit lui-même fabriquer toutes ces différentes monnoies dans un même endroit, & qu'enſuite, pour gagner l'affection de ces peuples & les porter à le bien recevoir, il les diſtribua dans les Nomes & Villes pour ſervir aux petits achats & aux menues dépenſes que les habitants pouvoient faire dans l'arrondiſſement de leurs Nomes reſpectifs ? J'ai déjà averti que je ne prétendois point donner mes idées ſur ce ſujet comme des vérités inconteſtables. Mais cette parfaite conformité que l'on remarque entre toutes les médailles en queſtion, fait voir du moins qu'elles ne ſont pas deſtituées de tout fondement. Ce qui pourroit encore donner quelque poids à ma conjecture, c'eſt que ſous aucun Empereur antérieur ou poſtérieur à Hadrien, l'on ne trouve point qu'on ait frappé de ſemblables médailles en petit bronze avec des noms de Nomes.

L'on connoît encore d'autres médailles du

M ij

plus petit module, & qui ne péfent que 35
grains, ou environ un demi gros, portant,
comme celles de petit bronze, le nom d'un
Nome & la date de l'année onzieme d'un côté,
& la tête d'Hadrien de l'autre, mais fans légende, à caufe du peu d'étendue de la matiere.
M. l'Abbé Belley en a rapporté une de mon
Cabinet, & j'en poffédois cinq différentes de
cette grandeur, avec les noms des Nomes ou
Villes ΘΙΝΙΤΩΝ, ΚΥΝΟΠΟΛΙΤΩΝ,
ΛΕΟΝΤΟΠΟΛΙΤΩΝ, ΛΗΤΟΠΟΛΙΤΩΝ,
& ΜΕΜΦΙΤΩΝ. Si jufqu'à préfent l'on n'en
connoît pas un plus grand nombre, il ne faut
pas attribuer cette difette au défaut réel de
ces petites pieces, mais plutôt au peu de
mérite qu'elles paroiffent avoir aux yeux de
ceux qui les trouvent. Car on ne peut pas
douter qu'Hadrien n'en ait fait frapper pour
tous les Nomes ou Villes, comme je fuis porté
à croire qu'il a fait à l'égard de celles de petit
bronze. Ces monnoies qui femblent d'abord ne
rien offrir de curieux, font cependant précieufes par leur petiteffe même, & quand elles
n'apprendroient rien fur la vie d'un Prince,
elles ferviroient au moins à illuftrer l'hiftoire
des Arts. Telles font les petites médailles en or

de Philippe Roi de Macédoine, celles d'Alexandre le Grand en argent, & celles de Ptolémée Soter en or, fur lefquelles on a peine à concevoir comment on a pu tracer fi diftinctement & fans aucune confufion les traits de ces Rois & les types qu'on voit à leurs revers. Je pourrois encore citer des monnoies en or de Cyrène, du poids de 8 grains feulement, & par conféquent fi petites qu'il faut avoir recours à la loupe pour difcerner les lettres qui y font infcrites; mais qui d'ailleurs font fi nettes & fi précifes que rien ne fçauroit égaler la beauté de leur travail. A la vue de ces ouvrages, monuments éternels des talents & du génie merveilleux des Artiftes de l'antiquité, qui pourroit contenir fon admiration ? Et fans vouloir ici déprimer les progrès étonnants que les Arts ont faits parmi nous, que pourrons-nous jamais oppofer à ces fuperbes Camées, à toutes ces pierres gravées, chefs-d'œuvre des Anciens qui feront toujours le défefpoir des Modernes ? Je m'arrêterois avec plaifir plus long-temps fur une matiere auffi intéreffante; mais je laiffe à M. l'Abbé de la Chau & à M. l'Abbé le Blond, chargés de faire connoître au public les tréfors que le Cabinet de Mgr. le

Duc d'Orléans renferme en ce genre, le foin &
le mérite de traiter cet important & agréable
fujet, dont l'exécution, en enrichiffant la république des Lettres d'un ouvrage rempli d'érudition & d'excellentes recherches, fournira aux
Artiftes des modeles & des préceptes auxquels
ils doivent mettre toute leur gloire de fe con-
former.

Tous les détails dans lefquels je fuis entré
pourront peut-être paroître minutieux. Mais
il faut fe rappeller que rien n'eft à négliger
dans l'étude des monuments anciens, & que
quelquefois une médaille qui d'abord ne pré-
fentoit à l'efprit rien d'intéreffant, a fervi de
matiere à d'heureufes découvertes. D'ailleurs
en propofant les conjectures que l'on a vues ci-
deffus, je n'ai fait que fuivre l'exemple de
plufieurs fçavants Antiquaires dont les doutes
& les erreurs même ont fouvent été utiles.

MÉDAILLE D'EUTHYDÈME,
Roi de la Bactriane.

JE m'empreffe de faire connoître aux Amateurs de l'antiquité cette médaille d'or finguliere que j'ai nouvellement acquife. Tout
concourt à la rendre une des plus précieufes
& des plus intéreffantes que l'on ait jamais
vues. En général les médailles des Rois de la
Bactriane font d'une rareté extrême. L'on n'en
connoiffoit jufqu'ici qu'une feule, en argent,
qui appartint fûrement à l'un d'eux, je veux
dire à Eucratidas : car il n'eft pas encore bien

certain que celle de bronze , que l'on attribue
à Diodotus ou Théodotus , fondateur de
ce Royaume , foit véritablement de ce Prince.
Celle dont je donne ici la gravure , au mérite
de fa matiere & de fa parfaite confervation ,
joint le double avantage d'être du plus beau
travail & de nous repréfenter les traits d'un
Roi de ce pays , dont le nom n'étoit connu que
par quelques paffages d'Auteurs anciens. Cette
médaille unique me donnera naturellement
lieu de faire diverfes obfervations , qui , je
crois , ne feront pas ici déplacées. C'eft pourquoi avant d'entrer dans quelques détails fur
fon type & fur le Roi dont elle porte le nom ,
je penfe qu'il fera bon de donner une idée
générale du pays où elle a été frappée , & des
Princes qui ont occupé le trône avant Euthydème.

La Bactriane , proprement dite , n'étoit pas
d'une vafte étendue. Elle forme aujourd'hui
la partie orientale des habitations des Tartares
Ufbecks. Bornée d'un côté par le mont Paro-
pamifus , abufivement appellé Caucafe par les
Grecs , elle avoit pour limites au Nord le
fleuve Oxus , aujourd'hui le Gihon , qui va
fe décharger dans la mer Cafpienne. A l'Orient

ce même fleuve la féparoit des Maffagetes. La
Margiane, Province de Perfe, lui étoit limi-
trophe au Couchant. Sous le nom de Bactriane les Grecs comprenoient auffi quelquefois la
Sogdiane & la Chorafmie. En effet Strabon
nous apprend que les Rois Bactriens poffé-
doient en même-temps ces deux dernieres Provinces, & que les Macédoniens ne les avoient
confondues fous la dénomination générale de
Bactriane, que par ce que ce nom leur étoit
plus connu & plus familier. Au refte ces différents Peuples reconnoiffoient une même origine ; mais la Bactriane conferva toujours la
fupériorité par le courage & le génie de fes
habitans. Dans ces derniers temps même elle
a donné naiffance à plufieurs grands hommes,
& les Arts & les Sciences y font plus cultivés
que chez toutes les autres nations voifines.

Je ne dirai rien des divers changements &
des révolutions arrivés dans fon gouvernement, fous l'empire des Perfes, dont elle for-
moit une Province. Il fuffira de remarquer que
dans tous les temps elle a joué un rôle diftingué parmi les Peuples de l'Orient. Après la mort
d'Alexandre le Grand, qui ne parvint pas fans
peine à foumettre la nation guerriere qui

N

l'habitoit, la Bactriane fut gouvernée par des Satrapes, fous les ordres des Rois de Syrie, héritiers des conquêtes que ce Prince avoit faites en Afie. Mais quelques puiffants efforts qu'ils ayent employés pour la contenir dans le devoir, jamais ils ne purent la dompter entierement. Dès le regne même de Séleucus Nicator, l'amour de la liberté réveilla fon courage, & les mauvais fuccès qu'elle eut dans fa révolte, ne l'empêcherent pas quelque temps après de tenter de nouveau de fecouer le joug étranger qui lui étoit impofé. En effet, vers la 58e année des Séleucides, Théodotus qui en étoit Satrape, profitant des guerres malheureufes dans lefquelles Antiochus II étoit engagé, réuffit à faire foulever la nation & à fe faire déclarer Roi. Quoique l'Hiftoire ne nous apprenne prefque aucune autre particularité de fa vie, il n'y a pas lieu de douter qu'il n'ait eu plufieurs guerres à foutenir. Son regne, fuivant Bayer, dans fon Hiftoire des Rois de la Bactriane, dont j'emprunte en partie ces détails, fut de 12 années, pendant lefquelles il travailla à s'affermir dans fa nouvelle domination. Théodotus, fon fils, lui fuccéda l'an 70 des Séleucides. Son premier foin en mon-

tant fur le trône , fut de faire la paix & un
traité d'alliance avec Tiridate , Roi des Parthes , à qui fon Pere avoit déclaré la guerre.
Délivrés ainfi l'un & l'autre des dangers de
cette guerre , qui ne pouvoit que leur être
également funefte , ils réunirent leurs efforts
contre Séleucus Callinicus qu'ils vainquirent
& firent prifonnier. Les monuments anciens
ne nous difent rien de plus fur fon regne, qui
paroît avoir été de 23 ans.

Euthydème , à qui appartient la médaille
d'or en queftion , fut le troifieme Roi de la
Bactriane. C'eft un malheur , fans doute , que
le temps n'ait pas plus épargné les écrits qui
parloient de ce Prince , que ceux qui faifoient
mention de fes prédéceffeurs. Cependant je
tâcherai de recueillir avec foin quelques événe-
ments de fa vie & de fon regne , épars dans
différents Auteurs , & principalement dans
Polybe. Il étoit originaire de la ville de
Magnéfie proche le mont Sipyle , & s'ouvrit
le chemin au trône en faifant mourir Théodotus II & toute la famille royale. Sa conduite
d'abord ne donna aucun ombrage à Antiochus
III , Roi de Syrie , parce qu'il paroiffoit agir
pour fes propres intérêts , en feignant de lui

N ij

aider à ramener fous fon obéiffance divers peuples de l'Orient qui s'en étoient détachés fous
fes prédéceffeurs. Mais bien-tôt il leva le maf-
que & s'empara lui-même de la couronne.
Le Roi de Syrie jeune, hardi, entreprenant
& paffionné pour la gloire, fut néanmoins
forcé de diffimuler fon reffentiment jufqu'à ce
qu'il eût foumis les Parthes, qu'il fe flattoit
de réduire, comme il avoit fait les Médes &
plufieurs autres peuples voifins. Mais tous fes
efforts ayant été inutiles contre cette nation
puiffante & belliqueufe, il lui accorda la paix
& la liberté, l'engagea même à fe joindre à
lui, & ne s'occupa plus que du foin de tirer
une vengeance éclatante d'Euthydème. Son
expédition contre lui ne fut pas auffi heureufe
qu'il fe l'étoit promis. Le Roi de la Bactriane
ayant bien prévu que ce Prince ambitieux,
& fier de fes victoires, ne manqueroit pas de
venir l'attaquer dans fon nouveau Royaume,
s'étoit mis depuis long-temps en état de s'oppofer vigoureufement à fes entreprifes. Les
détails de cette guerre, qui dura environ trois
ans, ne font pas venus jufqu'à nous. Polybe
eft le feul qui nous ait confervé la defcription
d'un combat, où l'avantage fut long-temps

difputé des deux côtés, mais qui demeura enfin à Antiochus, qui paya de fa perfonne dans cette action, & y fit des prodiges de valeur. Cependant il ne fe laiffa point aveugler par ce fuccès. Rebuté des longueurs d'une guerre fi difpendieufe, & redoutant prudemment dans des contrées fi éloignées, & prefque à 700 lieues de la Capitale de fes Etats, quelque revers fâcheux qui auroit pu lui fermer le chemin de la Syrie, il envoya lui-même un député pour traiter avec les Bactriens. Téleas, chargé de cette négociation, alla plufieurs fois d'une armée à l'autre, & parvint enfin à terminer la guerre à l'avantage des deux partis. Euthydème demandoit à être reconnu pour Roi, & à être maintenu tranquille poffeffeur du Royaume de Bactriane, que le Roi de Syrie ne pouvoit lui reprocher avec juftice d'avoir envahi fur lui, puifqu'il n'avoit fait que l'enlever à fes ufurpateurs. Antiochus lui accorda tout, promit même une de fes filles en mariage à Démétrius fon fils qui étoit venu pour jurer & figner la paix avec lui. Ainfi après avoir reçu, fuivant une des conditions du traité, tous les Eléphants que le Roi de la Bactriane avoit, il paffa chez

Sophagafene Roi de l'Inde, renouvella amitié avec ce Prince, reçut auffi de lui tous fes Eléphants, & retourna de là en Syrie.

Euthydème débarraffé de fon plus redoutable ennemi, ne tarda pas fans doute à célébrer par quelque monument, cette heureufe époque à laquelle il commençoit vraiment à régner, & l'on croit pouvoir affurer, fans crainte de fe tromper, que ce fut à cette occafion éclatante qu'il fit frapper la médaille d'or en queftion, fur laquelle il prend ouvertement le titre de Roi ; titre avoué par Antiochus lui-même. Quant au travail de cette médaille, qui eft fûrement d'une main grecque, l'on ne doit pas être furpris de fa beauté. Après la conclufion de la paix, & pendant le temps même que durerent les conférences, Euthydème put attirer à fa cour quelques-uns des Ouvriers monétaires que le Roi de Syrie avoit à fa fuite. Perfonne n'ignore qu'Alexandre le Grand & fes fucceffeurs avoient toujours dans leurs camps une fabrique de monnoie, pour frapper les pieces qui devoient fervir à la paye de leurs armées, & que les Romains en ufoient de même quand ils envoyoient leurs Légions porter la guerre dans des Pro-

vinces fort éloignées. Rien d'ailleurs n'empê-
cheroit de croire qu'il ne fe trouvât dans la
Bactriane même quelques excellents artiftes
monétaires, defcendants de ceux qu'Alexandre employoit à battre des monnoies en fon
nom, dans tous les pays qu'il avoit conquis.

Le revers de cette médaille doit paroître affu-
rément bien extraordinaire, & l'on feroit prefque
porté à foupçonner qu'il couvriroit quelque
fens allégorique. Hercule en repos, affis fur un
haut rocher, tenant, de fa main droite étendue,
fa maffue appuyée fur un autre petit rocher,
pourroit être regardé par quelques-uns comme
une image fymbolique & caractériftique du
Roi même de la Bactriane, qui après être parvenu à faire régner la paix & la tranquillité dans
dans un Royaume conquis par fon courage &
fa prudence, fe repofe de fes longs & glorieux
travaux. Mais j'abandonne cette idée, & j'aime
mieux croire qu'Euthydème n'a fait repréfenter
Hercule fur cette médaille, que parce que ce
héros étoit particulierement révéré fous le
nom d'Hercule Indien, dans la Bactriane &
dans les Provinces voifines, comme on le voit
encore par la médaille de bronze attribuée à
Théodotus, fur laquelle il eft repréfenté.

A l'occafion de ce type fingulier d'Hercule, je ne dois pas manquer d'obferver qu'on voit à-peu-près le même revers fur quelques médaillons d'argent d'un Antiochus, Roi de Syrie. L'on n'avoit fçu jufqu'ici à quel Prince de ce nom on pouvoit certainement les attribuer. Cependant les Antiquaires, croyant appercevoir dans les traits du vifage quelque air de reffemblance avec la tête d'Antiochus II, les lui avoient rapportés. J'en ai moi-même publié deux de cette efpece dans mon Recueil de Médailles de Rois, Pl. VIII, page *66*, & j'ignorois également alors à quel Antiochus ils devoient être référés. Mais notre médaille d'Euthydème leve toute incertitude à cet égard, & la conformité qui fe trouve entre elle & ces médaillons d'argent, tant pour le type que pour la fabrique, ne permet plus de douter qu'ils ne foient sûrement d'Antiochus III. Il eft tout naturel, en effet, que ce Prince, durant la guerre qu'il alla porter dans la Bactriane, ait fait frapper, comme légitime poffeffeur de ce pays, des monnoies pour la folde de fes troupes, avec le type de la Divinité principale qui y étoit révérée. Auffi ne trouve-t-on fous les Rois de Syrie fes prédéceffeurs, ni fous ceux qui lui fuccéderent,

aucunes

aucunes monnoies qui ayent le moindre attri-
but d'Hercule. La différence que l'on pourroit
remarquer entre les traits de son visage repré-
senté sur les médaillons en question & sur ses
autres médailles, ne peut pas former une
raison suffisante pour empêcher de les lui
attribuer. Tout le monde sçait qu'Antiochus
III, monté fort jeune sur le trône, dut
nécessairement changer plusieurs fois d'air &
de figure pendant le cours de son regne,
qui fut de trente-sept ans. Il en avoit environ
34, lorsqu'il fit la paix avec Euthydème. J'ai
fait graver à la fin de cet Ouvrage un de ces
Médaillons d'argent, afin que le Lecteur puisse
en faire la comparaison avec la Médaille d'or
en question.

Quand j'ai dit ci-dessus qu'Hercule étoit
la divinité principale des Bactriens, je n'ai
point prétendu par là qu'ils ne pussent en
reconnoître quelques autres, puisqu'on voit,
par un médaillon d'argent d'Eucratidas, publié
dans mon Recueil de Rois, Pl. XV, qu'ils
honoroient aussi les Dioscures guerriers, qui
y sont représentés à cheval, & tenant chacun
une lance à la main.

Je bornerai ici mes réflexions sur la mé-

O

daille d'or en queſtion, n'ayant point eu intention de donner l'hiſtoire de tous les Rois
de la Baĉtriane. Il me ſuffira d'ajouter qu'Euthydème après avoir fait la paix avec Antiochus, tourna ſes armes contre les Nomades,
qu'il réuſſit à chaſſer de ſes Etats. Bayer
donne à ce Prince environ 25 ans de regne.
Je ne prendrai pas ſur moi de décider, ſi les
calculs ſur leſquels il ſe fonde, ſont juſtes.
Au reſte ceux qui voudront connoître l'hiſtoire des autres Rois de ce pays, pourront
conſulter ce ſçavant Ecrivain, dont les ouvrages ſont remplis de recherches auſſi utiles
que curieuſes.

MÉDAILLE DE LA VIGNETTE DU TITRE.

CETTE Médaille d'argent de la ville de Dardanus en Troade, pourroit paroître, au premier coup d'œil, n'avoir d'autre mérite qui la diftingue de celles de bronze, que celui de la matiere. En effet, le type du coq que l'on y voit d'un côté, & qui femble défigner les jeux où les habitants du pays faifoient combattre ces animaux entr'eux, fe trouve également fur les autres de bronze. L'on y remarque auffi comme fur celle-ci, une figure à cheval. Mais ce qui la différencie totalement, & ce qui demande plus particuliérement attention, c'eft que fur notre médaille d'argent ce n'eft point un homme, mais une femme, & qu'elle y eft repréfentée affife de côté. Cette maniere de monter à cheval, outre qu'elle eft tout-à-fait extraordinaire, & qu'elle ne fe trouve gueres que fur quelques médailles de Cilicie, c'eft-à-dire, de la ville de Célenderis, acquiert ici un nouveau degré de fingularité par le fexe de la perfonne qui fe voit ainfi figurée. Il n'y a pas lieu de douter que l'on

n'ait voulu par-là retracer aux yeux des Dar-
daniens quelqu'Héroïne fameuſe de leur nation.
J'ai fait en vain pluſieurs recherches dans différents Auteursanciens pour tâcher d'y découvrir
quelle pourroit être cette femme ; je n'y ai rien
trouvé qui pût ſervir à nous donner quelque
lumiere ſur ce point. Ce n'eſt pas à dire que
quelqu'autre plus verſé que je ne le ſuis dans
l'Hiſtoire Ancienne, ne puiſſe y parvenir. Je
ſerai content, ſi en rapportant cette médaille,
j'ai pu ſeulement donner lieu de faire cette découverte.

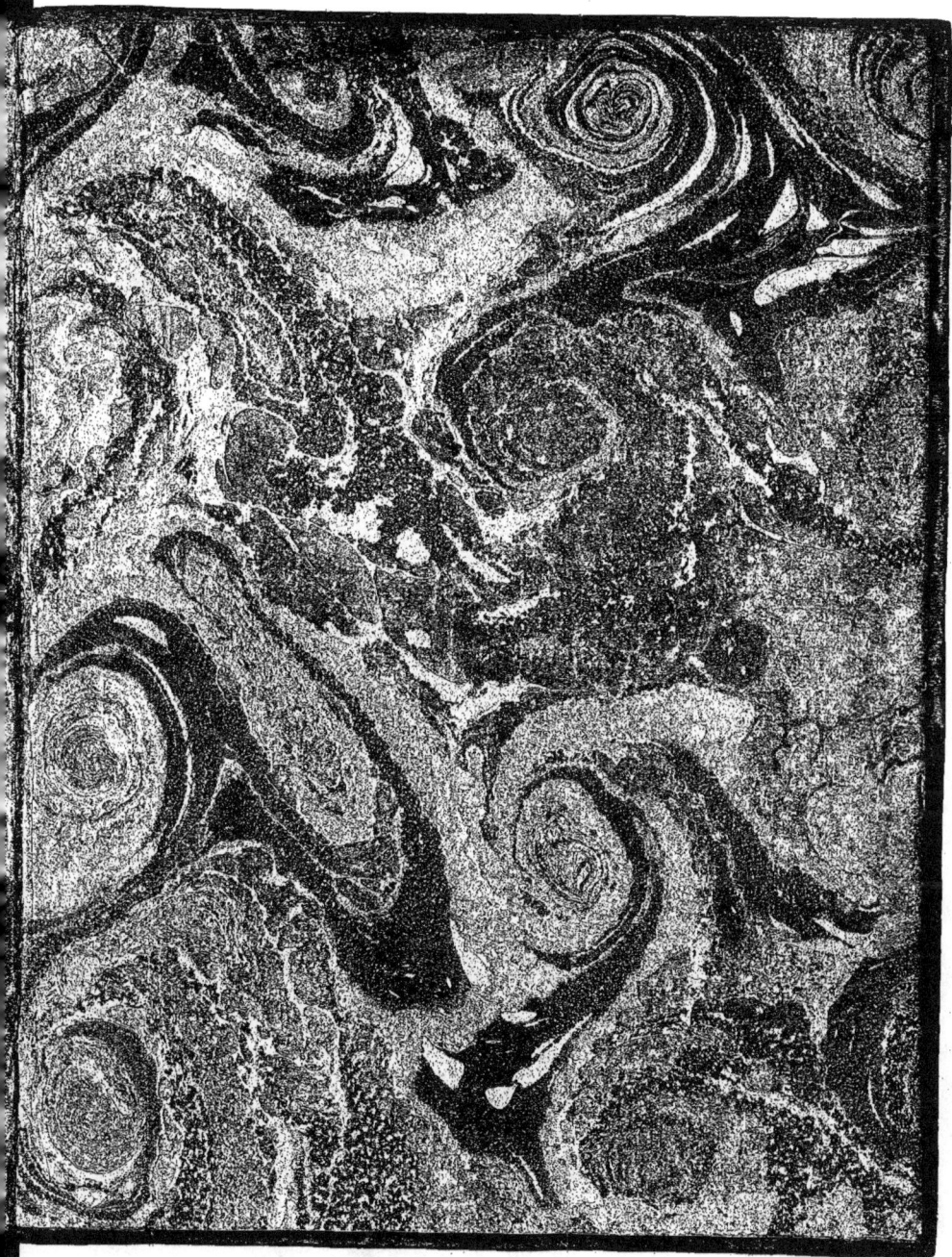

www.ingramcontent.com/pod-product-compliance
Lightning Source LLC
Chambersburg PA
CBHW071808090426
42737CB00012B/2001